LOIN DES MOSQUÉES

DU MÊME AUTEUR

Chez le même éditeur

La Femme manquée, roman, 2000
Prix Emmanuel-Roblès
Prix René-Fallet

Baigneuse nue sur un rocher, roman, 2001

Helena Vannek, roman, 2002

Le Conseiller du roi, roman, 2003

Les Fausses Innocences, roman, 2005
Prix du jury Giono

Les Mystères de sainte Freya, roman, 2007

Tu ne jugeras point, roman, 2009

Les Eaux amères, roman, 2011

Chez d'autres éditeurs

La Reine des Spagnes, récit, L'Harmattan, Paris, 1995

La Malédiction de l'abbé Choiron,
récit, L'Harmattan, Paris, 1998

De la salade!, récit, Memor, Bruxelles, 2000

La Femme de saint Pierre,
nouvelles, Labor, Bruxelles, 2004

Le Commandant Bill, roman, Mijade, Namur, 2008

Les Lunettes de John Lennon, roman, Mijade, Namur, 2010

Armel Job

LOIN DES MOSQUÉES

roman

ROBERT LAFFONT

© Éditions Robert Laffont, S.A., Paris, 2012
ISBN 978-2-221-12953-1

1

René

En principe, un corbillard n'a jamais d'accident. D'abord parce que les chauffeurs de corbillard ont un certain style de conduite. Mesuré, solennel. On n'imagine pas un corbillard prendre des risques sur la route. Ensuite les autres conducteurs, quand ils aperçoivent un corbillard, aussitôt lèvent le pied. Ils se tiennent à distance respectueuse. Aux feux rouges, ils hésitent à se placer à côté de vous. Ils restent derrière. Spontanément, ils font cortège. Et s'ils dépassent, c'est avec déférence, la nuque raide, les yeux droit dans le pare-brise.

Combien de fois j'ai observé cela à mon volant! C'est plutôt amusant. On se sent dans un état particulier, un sentiment d'invulnérabilité. Personne ne peut nous atteindre. La police elle-même ne nous contrôle jamais. La mort nous protège.

Du fait même, il s'établit une certaine complicité entre nous et la personne que nous transportons. C'est bien parce qu'elle est avec nous que nous naviguons ainsi, sereins parmi les écueils. Nous sommes ensemble. Les autres s'écartent.

Loin des mosquées

On ne fait pas ce métier sans se prendre tôt ou tard d'affection pour les passagers. Il faut dire que souvent ils n'ont plus que nous. Nous sommes les derniers à leur manifester un reste de compassion. Aux êtres les plus chers, ils suscitent une secrète répugnance. Ce qu'ils ont été, pour nous quelle importance ? L'homme, la femme, le gai, le triste, le beau, le laid, l'honnête et le vicieux, tous deviennent le même et unique défunt. Tout s'efface.

C'est l'enfance à l'envers. Oui, si on veut bien y penser, la mort n'est pas autre chose : on redevient un enfant, un être sans qualités, qui n'a en propre que sa faiblesse. L'enfant et le mort sont entièrement livrés aux autres. Le croque-mort est comme une mère. Couché tel un bébé dans son landau, le passager dans le corbillard fait un dernier voyage ensommeillé, plein de silence et de douceur.

J'aurais dû rester sur l'autoroute, me rendre immédiatement sur place, à destination. C'est évidemment le genre de raisonnement qu'on se tient après coup. Sur le moment, j'étais tellement tranquille, sûr qu'il ne pouvait plus rien arriver et tellement en avance que je suis sorti à un endroit que je connais bien, dans une bourgade où il y a une sorte de grand-rue de Far West bordée d'une dizaine de restaurants et de snacks. La première étape quand on quitte la ville avec un petit creux, ou la dernière avant d'y entrer, ce qui était mon cas. Le soir, surtout le dimanche, tout est complet. Un samedi à trois heures, c'était calme – j'allais dire mort.

René

Je me suis garé devant un traiteur turc, *Turkish Delights*. «Délices de Turquie», un clin d'œil en quelque sorte, vu la situation. (J'expliquerai plus tard.) Je suis entré, j'ai commandé un kebab à emporter et un café à consommer sur place. Il y avait quelques-unes de ces tables hautes sans chaise, à hauteur de coude, où l'on peut avaler un en-cas sur le pouce.

Je remuais la cuiller en plastique tandis que le patron me lorgnait du coin de l'œil. Il avait vu la voiture, mon costume noir et ma casquette ornée d'un macaron en forme de flamme. Comme j'étais le seul client, il a été obligé de m'adresser la parole. Toujours l'effet du passager. Exactement comme s'il entrait avec vous. On vous parle avec crainte et, dans un commerce, j'imagine – c'était la première fois que cela m'arrivait –, on espère que vous n'allez pas vous incruster.

« C'est à seize heures ?
— Qu'est-ce qui est à seize heures ?
— L'enterrement, la messe.
— Il n'y a pas d'enterrement. Je vais au crématorium à Bruxelles.
— Ah bon ! Je me disais aussi. Je pensais que vous alliez à l'église Saint-Servais au bout de la rue. Un corbillard qui arrive avant l'heure, sans la famille, puis qui vient acheter un sandwich, ce n'est pas vraiment dans les habitudes.
— Je comprends.
— Vous êtes seul ? Pas de cortège ?
— Non. »

Tant qu'à faire, maintenant, il aurait bien accueilli un convoi de quelques voitures.

« La famille n'assiste pas ?
— Non.
— Ah bon ?
— C'est courant. »

J'ai vidé ma tasse avant qu'il ne se mette à me demander des détails.

Dehors, aux vitrines, aux fenêtres s'étaient postés çà et là des gens qui m'observaient. Ils pensaient peut-être que le traiteur était mort, ou quelqu'un d'autre chez lui. Si ça se trouve, il avait une vieille mère quelque part, dans une chambre à l'étage, dont ils apercevaient quelquefois la tête couverte d'un fichu derrière les rideaux de dentelle.

Une fois, je me souviens, j'allais ensevelir un client et je me suis trompé de numéro. J'ai garé la voiture dans l'allée et je suis allé sonner à la porte, pendant que Marcel ouvrait le hayon pour sortir la bière. Une vieille dame est venue m'ouvrir. Elle habitait là, toute seule. Que s'est-il passé dans sa tête ? Elle a cru que je venais la chercher. Un peu plus, c'était le cas ! Elle a tourné de l'œil. Je l'ai rattrapée et je l'ai soutenue jusqu'à sa cuisine. Elle avait perdu la parole. Du doigt, elle me désignait une armoire. Elle s'est envoyé un grand verre de rhum, et moi aussi par la même occasion. Ensuite, on a ri, mais le cœur n'y était pas. Je lui ai fait envoyer des fleurs. Des immortelles.

J'ai quitté le parking des *Turkish Delights*. Le kebab était sur le siège à côté de moi dans son sachet entrouvert. Je me disais que je le mangerais plus loin, sur une aire, dans un coin tranquille où il n'y aurait pas de public au balcon pour m'épier. Je me suis retourné vers le cercueil. « Hein, un kebab, qu'est-ce que tu en penses, ça demande plutôt un chemin de traverse, avant de remonter sur le béton ? » J'aime bien plaisanter avec la personne. Je suis sûr que si elles pouvaient donner leur avis, la plupart m'y encourageraient.

En même temps, de la main droite, je tripotais le sachet pour essayer d'attraper un peu de la verdure que je voyais dépasser. J'ai un faible pour les tomates. J'avais demandé au traiteur de ne pas lésiner. C'est ainsi que l'accident est arrivé.

Un fracas, comme si une tornade venait d'arracher l'arrière de la voiture. Tout de suite, je me suis retourné vers mon cercueil : j'aurais juré qu'il était sur la route. Mais il n'avait pas bougé. Et même, curieusement, tout semblait intact. Alors, dans le rétroviseur de droite, j'ai aperçu la petite voiture qui venait de m'éperonner. À l'arrêt, quelques mètres derrière, genre Toyota, la calandre par terre, comme un dentier railleur échappé de sa bouche. J'ai fait le tour du corbillard pour constater les dégâts. La portière arrière droite enfoncée, des éraflures jusqu'au pare-chocs. De la Toyota arrivait lentement, une main sur les lèvres, une jeune femme vêtue d'un tailleur vert clair, qui avait tout l'air d'avoir déteint sur son visage livide.

« Je suis désolée, désolée... Je ne sais pas ce qui s'est passé. J'étais... »

Elle s'approchait, légèrement flageolante sur ses escarpins.

« Vous n'avez pas de mal ? »

Elle parlait de moi, pas de la voiture. Ma casquette vissée bien droite sur la tête, je devais avoir un aspect assez rassurant : plus elle avançait, moins elle s'intéressait à ma santé. Ce n'était pas davantage la carrosserie cabossée qui l'attirait. Ses yeux toujours plus écarquillés étaient rivés à la lunette du hayon, derrière laquelle luisait le sapin verni du cercueil.

« Vous transportez un...
— Oui.
— Il... Il n'a rien ?
— Non, rassurez-vous. »

J'aurais pu ajouter que, de toute façon, il ne pouvait plus lui arriver grand-chose ! Ce petit épisode lui aurait même paru amusant comparé aux ultimes péripéties de sa vie terrestre. Mais pour moi, c'était une autre paire de manches.

Un accident de corbillard, ça n'arrive jamais, mais, quand ça arrive, c'est la poisse. Imaginons des funérailles, trois ou quatre jours plus tard. Comment transporter le défunt dans un fourgon à moitié éventré ? La tête de la famille au moment de la levée du corps ! Je n'ai qu'une seule voiture. Je ne suis pas une grosse entreprise. Il faut réparer sur-le-champ. Et cela, c'est plus facile à dire qu'à faire.

Mon fourgon, c'est une Cadillac Eagle 1996. Il n'y a qu'une seule agence à deux cents kilomètres à la ronde, et encore, pas spécialisée en Cadillac ni, à plus forte raison, en corbillards, importation de grosses américaines toutes marques seulement. Je voyais bien qu'il serait impossible de débosseler. Il faudrait commander une nouvelle portière. Ça pouvait prendre une ou deux semaines.

On ne s'imagine pas le soin que je prends de cette voiture. Si je dois l'abandonner le long d'un trottoir, je m'angoisse. Je me suis à peine éloigné de dix mètres que je me demande si je l'ai bien fermée. Comme il n'y a pas de télécommande pour la fermeture à distance – c'est une occasion, un modèle trop ancien –, je reviens en arrière. Je tourne le verrouillage central, mais je vérifie tout de même toutes les portières. C'est ridicule, je le sais. Voler un corbillard, ce serait vraiment la bonne combine ! Je repars à reculons. Je me dis qu'elle déborde tout de même dangereusement. Elle est large, trois places à l'avant. Un piéton pourrait la cogner sur le flanc droit, un automobiliste pourrait la griffer sur le gauche. En plus, elle est grise, peu visible, sauf s'il y a du soleil. Les chromes brillent. Tous les samedis, je les passe à l'Autopolish. C'est comme ça, on est obligés de travailler avec des monstres hors de prix qui, par ailleurs, n'ont jamais entendu parler de la crise pétrolière. Comment faire autrement ? Les morts réclament huit cylindres, deux cent cinquante chevaux, des fanaux, des aigrettes. On est tous égaux devant la mort. Le dernier jour, tout le monde prétend être riche.

« J'ai cru que j'avais la priorité de droite. J'oublie toujours que c'est la nationale ici. C'est vous qui avez la priorité. »

Au moins, j'étais dans mon droit. C'est elle qui me

l'apprenait. Si je n'avais pas été occupé avec mon sandwich, je l'aurais laissée passer, priorité ou non. Je me méfie du code de la route.

Il fallait remplir la déclaration. J'ai sorti le formulaire à l'amiable de ma boîte à gants. Elle est allée chercher ses documents. On a complété la feuille commune tour à tour, appuyés sur le capot de la Cadillac. Pendant qu'elle remplissait sa partie, j'ai vérifié que le cercueil était toujours bien arrimé.

Elle était prête à tout endosser, à signer n'importe quoi. Sa confusion, je me l'expliquais sans peine. Ce n'est pas avec moi qu'elle avait eu cette collision, mais avec la mort.

Elle jetait sans arrêt des regards apeurés vers le hayon. Passé mon premier coup de bile, j'avais un peu pitié d'elle. Bousculer un mort, c'est un choc pour le bousculeur surtout. Elle se préparait peut-être quelques cauchemars ou, pis encore, une malédiction à laquelle elle attribuerait plus tard les inévitables malheurs de l'existence.

Quand j'ai rempli mon volet, j'ai remarqué que, dans son trouble, elle avait inversé deux chiffres de sa plaque minéralogique. Elle a corrigé. J'ai senti son parfum, une chose fruitée, qui m'évoquait la pêche ou l'abricot. J'avais vu sa date de naissance, son nom, Amandine Quelque-chose. Ce prénom la rendait encore plus fragile, me semblait-il.

« Ne vous faites pas trop de souci, Amandine ! Un peu de tôle froissée, ce n'est pas grave, ni pour vous ni pour moi. Tant qu'il n'y a pas de victime. »

Elle m'a adressé un maigre sourire mais, en même

temps, j'ai bien remarqué qu'elle esquissait un mouvement de recul. Je n'aurais pas dû l'appeler par son prénom. Je pensais avoir adopté un ton paternel. J'ai quarante-neuf ans, deux fois son âge.

Il est vrai que ce ton finalement n'est jamais qu'un prétexte qu'on se donne. Une femme est une femme. Jeune et parée pour la montre, elle sent toujours ce qui perce au travers. Venant de tout homme qui n'aurait pas porté un complet noir et un képi orné d'une flamme torsadée, elle l'aurait accueilli avec un frémissement de plaisir sans doute. Moi, je ne me vois pas dans cet accoutrement, pas plus que je ne songe à mes cheveux blancs. Je fais du jogging deux fois par semaine, je tiens la forme. Dans ma tête, j'ai toujours la tignasse noire et luisante de l'époque où je n'aurais jamais imaginé qu'un jour je deviendrais pompes funèbres. Pas besoin d'une glace pour me ramener sur terre : le regard effarouché des femmes, quand par distraction je me montre aimable, fait parfaitement l'affaire.

Amandine, donc, a détaché prestement la copie sous le papier carbone.

« Le reste, nous pouvons le faire chacun de notre côté, je crois. Excusez-moi, je partais à mon travail. J'étais déjà très en retard à cause de mon petit garçon. J'ai un bébé malade.

— D'accord. La calandre, ça ira ? Vous voulez que je vous aide ?

— Ça ira. Merci. Et encore désolée. »

Elle s'éloignait déjà, en se retournant, comme si elle craignait que je ne la suive. Elle s'est penchée pour ramasser la calandre, l'a soulevée dans ma direction et l'a rangée dans le coffre. Après quoi, elle a démarré et m'a dépassé comme on me dépasse toujours, cou tendu, profil de médaille.

Une demi-heure plus tard, j'étais au crématorium. Je suis passé directement à l'arrière. J'ai sonné. Un employé est arrivé. Il m'attendait. Je lui ai présenté le 8/8 bis, le permis d'incinérer. Il a jeté un coup d'œil. Il a levé un sourcil.
« Dites donc, elle est bien jeune, votre cliente.
— Plutôt.
— Vingt-deux ans ?
— Presque. Elle aurait eu vingt-deux dans un mois.
— Pauvre fille. Maladie ? Accident ?
— Accident. »
Il a bien vu que je n'avais pas l'intention de lui donner des détails. Je me contenterais qu'il fasse son boulot.
« Donc la famille n'assiste pas à la crémation, aucune cérémonie. Rien de changé à ce que vous avez annoncé au téléphone ?
— Non. »
Il m'a accompagné jusqu'au hayon par le bon côté de la voiture, celui sans bosses. Il a avisé le cercueil.
« Le modèle light ?
— Oui.
— Pour ce que le client a à faire du chêne ou de l'acajou... C'est ce que je dis toujours. »

Deux autres employés sont arrivés, mais eux par le côté de la voiture en compote. Tandis qu'on transportait la bière, ils n'arrêtaient pas de m'asticoter sur l'accident. Où ça ? Comment ? Une bonne femme au volant, comme de juste ! Exactement comme si on était occupés à transbahuter un sac de patates. Tout ce que je déteste. Je répondais à peine. Je ne supporte pas la désinvolture en présence des passagers.

On croit que nous les croque-morts, pour finir, les défunts nous passent entre les mains comme de simples marchandises. Des colis à expédier au poids, comme les compagnies aériennes qui s'arrachent les rapatriements, qui font des promotions. Il n'y a rien de plus faux, de plus injurieux.

Si, par exemple, on m'appelle sur les lieux d'un suicide, d'une mort suspecte ou violente, mon premier soin toujours est de poser une couverture sur la victime, bien qu'il soit interdit d'y toucher. Une fois, j'ai ramassé un braqueur descendu par un bijoutier. Dès que les flics, le magistrat ont débarqué, c'était à qui soulèverait un pan de la couverture de l'air le plus dégagé. Il y en a qui fumaient, qui n'ôtaient même pas la cigarette de leur bec. La cendre s'écrasait sur le visage désarmé. Quelle honte... Dans la dépouille d'un gangster, il n'y a plus de gangster, il ne reste qu'un homme. Et les légistes en tablier de garçon boucher, qui prennent possession du cadavre à l'institut médico-légal, qui lui passent une étiquette au gros orteil, qui plaisantent avec les enquêteurs, vous trouvez ça normal ? Ça leur est égal de charcuter un assassin ou un innocent, une jeune fille, un enfant. Y a-t-il un moment où l'on n'est plus qu'une chose ? Après combien de temps ? Moi, quand je vois exhibée la momie de Ramsès entre deux violeurs de tombe diplômés, qui ergotent sur le champignon qui le dévore, je suis écœuré. Un homme est toujours un homme, non ?

Pendant la crémation, je suis resté dans le bureau. J'ai rempli les documents, puis on a bu du café. Le temps que tout soit fini, que les cendres soient refroidies, il était six heures. Le chef de four m'a apporté l'urne.

« Rien à signaler ? a demandé l'employé en se balançant dans son fauteuil.

— Comme une botte de paille. C'est l'avantage avec les jeunes. »

Chez les vieux, il peut rester des résidus de prothèse. Tout cela est trié. Mieux vaut communiquer le relevé au croque-mort au cas où la famille soudain se souviendrait que le grand-père avait avalé la clé du coffre-fort.

Ils m'ont remis le permis de transport des cendres et le numéro d'incinération avec la date, samedi 15-7-2006, et je suis parti.

J'ai roulé jusqu'à hauteur de l'endroit où s'était produit l'accident, j'ai ralenti machinalement. Alors je me suis dit que, pour ce qui me restait à faire, c'était pareil là qu'ailleurs. J'ai déboîté de l'autoroute, puis j'ai pris une voie vicinale. Au loin, perdu dans la campagne, j'apercevais l'orée d'un bois. Exactement ce qu'il me fallait.

Le chemin forestier était fermé par une traverse, comme les passages à niveau. Je l'ai levée et je me suis enfoncé sur la route empierrée, vitre baissée. Les pneus gargouillaient doucement sur les cailloux, le moteur était inaudible, avantage des huit cylindres. Je me suis arrêté. Quelle paix ! Quelle tranquillité !

Je suis descendu, j'ai emporté l'urne et je me suis enfoncé parmi les bouleaux, les jeunes chênes, les hêtres, précédé par le cri des geais. Je suis arrivé à une étroite clairière couverte de myrtilliers. Les baies bleues luisaient dans la lumière du soleil déclinant qui avait pris le taillis en enfilade.

J'ai ouvert l'urne. Ce petit tas de poudre blanche à quoi se résume un être humain, ça me serre toujours le cœur.

« Eh bien, voilà la fin de ta brève histoire », ai-je pensé avec un mélange d'émotion et de soulagement. J'allais m'exécuter. Une dernière réticence m'a traversé l'esprit, une voix un rien sarcastique – la voix de la conscience ? de la conscience professionnelle, je veux dire – me chuchotait : « Tout ça n'est pas très catholique, mon petit René ! »

Difficile de mieux dire. Ces cendres que je m'apprêtais à répandre, c'étaient des cendres musulmanes ! Je me suis avisé brusquement que les musulmans, sauf erreur, n'autorisent pas la crémation. Il était bien temps ! « Désolé ! ai-je murmuré sur l'urne. J'espère que cela ne t'attirera pas des ennuis là-haut !

Loin des mosquées

Tu pourras toujours dire que le responsable, c'est moi ! Alors, adieu ! »

J'ai secoué vigoureusement la boîte. Comme il n'y avait pas le moindre souffle de vent, les cendres se sont répandues par terre, saupoudrant les myrtilles comme du sucre glace.

2

René

J'ai dit que j'expliquerai. Il vaut mieux que je reprenne depuis le début.

Je ne me serais jamais intéressé aux musulmans si je n'avais pas été invité au mariage d'Evren.

On était au début du mois d'avril, un dimanche. Les jours précédents, il avait plu. Mais le temps se débarbouille très vite en cette saison. Dans la matinée, un vent bien sec s'était levé et, en deux temps trois mouvements, il avait poussé les nuages jusqu'au bord du ciel, du côté du parc industriel, où l'horizon les avait engloutis. Il n'en restait que quelques débris qui dérivaient dans le bleu tout neuf de l'azur.

Les mariages sont censés se passer au soleil, comme les enterrements sous la pluie ou dans la grisaille. Quand ce n'est pas le cas – c'est-à-dire très souvent –, on a l'impression que quelque chose cloche. Comme une erreur de mise en scène. Les gens endeuillés se reprochent d'avoir laissé leur chagrin s'évader à la première éclaircie venue. La noce est contrariée par la pluie. Tout devrait être parfait, ce jour-là. Pour paraître content tout de même, il faut prendre sur soi. Et l'on s'en tire avec un faux proverbe du style : « Mariage pluvieux, mariage heureux. »

J'imagine que les Turcs n'ont rien à faire de ce genre de dicton et, de toute façon, ils n'en ont pas eu besoin. Le soleil avait sorti le grand jeu. Moi-même, qui avais accepté l'invitation à contrecœur, je me sentais tout à coup curieux d'assister à un mariage qui, à tout le moins, promettait d'être exotique.

Je n'ai aucune relation avec la communauté turque de la ville. Elle est assez populeuse et concentrée pour l'essentiel dans l'ancien quartier de la Tannerie. Jamais je ne m'étais occupé de funérailles pour des Turcs. J'aurais pu en conclure qu'ils s'adressaient aux établissements Kerkove, mes concurrents qui se paient quatre colonnes dans les Pages jaunes, illustrées d'un cyprès et d'un douteux calembour : « Kerkove... si près. » Mais je préférais croire qu'ils ne mouraient pas. Chaque matin, j'épluche la rubrique nécrologique du journal local. Je ne me souviens pas d'y avoir vu un seul nom turc. Il est possible que ce ne soit pas dans leurs usages d'annoncer les décès. Néanmoins, j'aime mieux mon idée : qu'ils ne meurent pas. Je veux dire ici naturellement, sur la terre où ils ont émigré. Les premiers sont arrivés à la fin des années soixante. Ils ne sont pas si vieux. Et ceux qui le sont assez pour mourir, il leur tient à cœur probablement de quitter le pays de l'exode, de retrouver le sol natal avant d'y laisser reposer leurs os. Ils meurent à la retraite ou profitent d'un congé sur place.

René

Le seul Turc que je connaisse vraiment, c'est mon voisin, Altan. Il a une petite entreprise de plâtrerie un peu plus loin dans la rue des Remparts où j'habite. Avant lui, il y avait là un ferrailleur qui entassait les épaves de voitures sur un vaste terrain vague à l'arrière. Un vrai repaire pour les rats, que la commune menaçait de raser. Altan a tout racheté pour une bouchée de pain. Il faisait une bonne affaire. Le ferrailleur, une meilleure encore. Il s'est installé dans le parc industriel à grand renfort de subventions. Il est devenu Car-Pack, une vraie usine qui récupère tout ce qui est récupérable avant de comprimer les carcasses en cubes qui retournent aux hauts-fourneaux.

De cette façon, Altan a quitté le quartier de la Tannerie. En même temps, il avait peut-être une autre raison de s'éloigner des siens.

Il venait de se marier. Il a épousé une fille d'ici. Une femme pas très belle, visage agréable, il est vrai, un peu triste seulement, mais un corps de cheval de trait, alors qu'il y a tant de jeunes Turques racées comme des pur-sang. Il n'est pas impossible que Sandra – sa femme – ait refusé de s'enfermer dans ce quartier à part ou même qu'Altan lui-même ait préféré s'éloigner par délicatesse envers elle, voire envers ses compatriotes.

En apparence, il est resté en bons termes avec eux. Son équipe – il a trois ou quatre jeunes gâcheurs sous contrat –, il la recrute uniquement à la Tannerie. Je les aperçois souvent, cheveux aile de corbeau, œil sombre, pommettes saillantes, je les entends qui s'interpellent dans leur langue caracolante. Cependant, il ne reçoit pratiquement aucune visite des siens et Sandra pas davantage de sa famille, qui se demande sûrement quelle mouche a bien pu la piquer pour qu'elle épouse un métèque.

Quelques semaines avant le mariage d'Evren, un samedi, j'étais occupé à frotter les chromes de la Cadillac dans la cour devant ma maison, quand je vois Altan, appuyé au muret en train de m'observer.

« Salut, René ! Dis donc, elle brille comme un sou neuf !

— Ah, c'est toi, Altan ! Ça va ? »

En principe, nos échanges ne vont pas beaucoup plus loin. En tout cas, ils ne nécessitent pas qu'Altan pose la jambe sur le muret en brique qui ferme la cour. Je me suis donc redressé – j'étais occupé à lustrer un enjoliveur – dans l'intention de m'approcher, mais Altan a tout de suite ajouté : « Je ne veux pas te déranger maintenant, René. J'aimerais bien te demander quelque chose. Mais pas ici, dans la rue. Ça te dirait de passer à la maison ce soir ? Vers sept heures ? C'est bon ? »

À sept heures, après mon jogging du week-end, comme de toute façon je n'avais rien de mieux à faire, j'étais assis à la table de sa cuisine. Sandra venait de débarrasser. Elle poussait deux fillettes en pyjama, bien peignées, frimousses fraîchement savonnées, vers le salon contigu où sautillait la musique d'un dessin animé.

« Tu prendras bien un verre, René ?

— Pourquoi pas ?

— Bière ?
— Toi aussi ?
— Bien sûr.
— Je m'en occupe, Altani. »
Sandra revenait déjà, de son pas un peu déhanché. J'avais craint qu'Altan ne boive pas d'alcool. Les Turcs n'en prennent pas d'habitude. Raison pour laquelle on les emploie souvent comme videurs dans les discothèques.

Sandra a sorti les canettes de Jupiler du réfrigérateur et les verres d'une des armoires en chêne premier choix qui occupaient la moitié de la pièce. Chacun de ses gestes s'enchaînait à la même allure tranquille. Son corps aussi massif que ses placards glissait dans ses babouches sous l'effet, semblait-il, d'une poussée uniforme qui l'a reconduite à l'entrée du salon dès que les verres ont été remplis. Avant de s'éclipser, elle s'est retournée pour adresser son sourire élastique à Altan.

« À ta santé, René !
— Santé.
— Tu connais mon frère Evren ?
— Evren ? C'est celui qui tient un snack ?
— Non, ça, c'est Nazim. Evren, c'est le plus jeune, celui qui était gardien de but. On ne le voit plus beaucoup par ici. Il travaille à Luxembourg.
— Ah oui, je me souviens.
— Eh bien, il va se marier.
— Ah...
— C'est pour ça que j'aurais besoin de tes services.

— Mes services ? À moi ?
— Oui.
— Les mariages, tu sais bien que ce n'est pas vraiment ma spécialité. »

Altan a hoché la tête, en me jetant un coup d'œil en coin, comme s'il voulait s'assurer qu'on se payait bien un petit crochet sur le terrain de la plaisanterie, puis il a ajouté :

« Ça, je te le concède... à perpétuité. »

On s'est regardés tous les deux, sérieux comme des bedeaux, mais complices désormais.

« Evren épouse une cousine. Mariage arrangé, tu sais, tradition, tradition. C'est dans ses idées à lui. La fille va arriver ici en Belgique. La cérémonie se passe chez le promis. Le problème, c'est la famille. Tu comprends, chez nous, pour un mariage, il faut que tout le monde soit là. On doit les héberger. On va en prendre le plus possible dans la parenté, mais ça ne suffira pas. Et les envoyer à l'hôtel, ce n'est pas pensable. Ce sont des gens modestes. Passe encore pour ceux qui viennent de France ou d'Allemagne, mais de Turquie ! Rien que pour le voyage, ils vont se saigner. Alors je me suis dit que peut-être tu pourrais en loger l'un ou l'autre. Tu as une grande maison. Tu es seul, enfin rien qu'avec Marcel. Ce serait l'affaire de deux ou trois nuits. Ils dormiraient seulement. Les repas, ils les prendraient chez moi. Naturellement je te paierais. Qu'est-ce que tu en penses ? »

À première vue, je n'en pensais pas grand-chose de bon. Je me voyais déjà envahi par une tribu nomade. J'ai pris le temps d'avaler une gorgée de bière.

« Eh bien, je ne sais pas. Je ne veux pas dire non, mais ces gens-là, ils seront mal à l'aise chez moi, tu ne crois pas ?

— Ne te fais aucun souci pour ça, René. J'ai en tête deux hommes que je pourrais placer dans ta maison. Il n'y a pas plus faciles qu'eux, tu verras. Ils viennent de la campagne. Ils vivent à la dure là-bas, tu sais.

— Tu les connais bien ?

— Si je les connais ? C'est la famille. Forcément, je les connais tous. Enfin, pour être tout à fait franc, disons que je sais qui ils sont. Je suis né ici, moi, je te rappelle. Ceux de Turquie, je les vois de temps en temps, en vacances. Ce sont des gens comme il faut, ça je peux te l'assurer. Alors, c'est d'accord ?

— ...

— Tu sais, René, je ne demanderais pas ça à tout le monde, mais toi, tu n'es pas comme tout le monde. »

Ce qu'il entendait par là, je n'en sais trop rien. Faisait-il allusion à ma profession qui m'oblige à une réserve permanente, comme les notaires ou les curés, des gens à qui on s'imagine pouvoir faire confiance si on ne creuse pas trop ? Ou alors voulait-il simplement me passer la pommade et s'assurer un hébergement commode à deux pas de chez lui ? Nous ne sommes que deux, Marcel et moi, dans une maison où on pourrait cantonner un régiment.

J'aurais dû accepter qu'Altan me paie. De cette

façon, il ne m'aurait pas invité à la noce. J'ai tenté de refuser, mais il m'a dit que je l'offensais. Dans sa bouche, cela n'avait pas l'air d'une simple formule. Alors j'ai accepté et, pendant trois semaines, je me suis traité d'idiot chaque fois que ce mariage me revenait à l'esprit et que je m'y représentais comme un cheveu sur la soupe.

Le vendredi avant la noce, Altan m'a amené les deux hommes qui devaient dormir chez moi : oncle Erman et oncle Timur, qu'il était allé chercher à Bruxelles, à l'avion d'Ankara. Deux types dans la cinquantaine, tout en os, du cuir à la place de la peau, le poil dru sur la joue et hirsute sur le crâne. À aucun moment, ils n'ont desserré les dents. Si j'avais eu un enterrement le lendemain, je les aurais bien engagés comme porteurs – j'en cherche souvent. Ils avaient tout à fait l'allure, et puis l'accoutrement : un complet noir préhistorique, une chemise blanche fermée par un col amidonné, luisant comme les jantes de ma Cadillac. Il aurait suffi de remplacer la ficelle rouge qui leur servait de cravate.

J'ai voulu leur donner une chambre à chacun, mais oncle Erman s'est penché à l'oreille d'Altan, qui m'a expliqué qu'ils préféraient rester ensemble. D'ailleurs ils n'avaient qu'une valise pour deux. Ça leur était égal qu'il n'y ait qu'un lit. J'ai tout de même apporté un matelas. Il était à peu près neuf heures. Ils ne sont pas redescendus.

Altan pour sa part accueillait la fiancée arrivée depuis deux ou trois jours déjà. Il n'était pas fâché de s'échapper un peu de sa maison. J'ai décapsulé deux Jupiler.

« Je suis sur les genoux, René. Ça n'a pas cessé de défiler depuis le matin.

— Bois un coup.

— La mariée exposait son trousseau.

— Son trousseau? Tu veux dire quoi? Ses vêtements?

— Oui. Toute sa garde-robe plus la batterie de cuisine et l'électroménager qu'Evren lui offre. C'est la coutume. Les femmes viennent voir. Je ne te dis pas si ça s'exclame! Puis obligatoirement, c'est la tasse de café, et je te papote et je te repapote. J'ai la tête qui bourdonne. Et ce n'est rien en comparaison de ce qui se passera demain. À ce propos, ça ne te dérange pas si les oncles rentrent plus tôt demain, vers sept heures?

— Pas du tout.

— Parce que c'est la soirée des femmes. Elles l'organisent chez moi avec Sandra. J'irai chez mon père. Les hommes n'assistent pas à la nuit du henné. La nuit du henné, ça te dit quelque chose?

— Absolument rien.

— Le henné, tu vois ce que c'est?

— Un parfum?

— Non, c'est une teinture rouge pour les femmes. Ça sert à faire des dessins sur la peau. Au début de la soirée, les femmes de la famille l'appliquent à l'intérieur des mains de la fiancée. Partout sauf dans un petit cercle au milieu, comme une pièce de un centime. De notre côté, nous les hommes, on mettra

du henné juste dans le même petit cercle sur les mains d'Evren. Mais c'est tout ce qu'on fait. Les femmes, elles, vont chanter toute la soirée pour faire pleurer la fiancée.
— Pleurer ?
— Oui, parce que c'est la fin de sa vie de jeune fille. »
Je ne sais pas si la fiancée d'Evren a pleuré le samedi soir. Je ne crois pas. Il m'a suffi le lendemain de rencontrer son regard pour la première fois pour comprendre que ce n'était pas son genre. Je pense qu'elle est restée bien droite sur sa chaise, ses paumes teintées de rouge percées de leur cible blanche reposant sur ses cuisses, le visage tendu, sauvage, comme toujours. Elle a laissé les autres se lamenter sans ciller, devinant fort bien qu'elles pleuraient sur elles-mêmes au souvenir de tout ce qu'elles avaient perdu avant de plier l'échine sous le joug du mariage. Cette affliction, elle s'était juré, j'en suis sûr, de ne jamais la connaître. Le mariage était arrangé sans doute, mais ce qui brillait dans ses yeux ne ferait jamais l'objet d'aucun arrangement.
Les deux oncles sont rentrés à sept heures, discrets comme des cambrioleurs et se sont enfermés dans leur chambre. Le matin, ils sont repartis après nous avoir adressé un hochement de tête par la porte entrouverte de la cuisine où nous étions occupés à déjeuner, Marcel et moi. J'ai soulevé la cafetière dans leur direction, mais ils n'ont pas compris.
C'est une heure environ après leur départ que le vent d'est s'est levé et que les premières flaques de

soleil se sont déversées dans la rue d'où s'est élevée une légère vapeur. Le dimanche matin, la vie retient sa respiration. Les bruits se feutrent pour abandonner tout l'espace, dirait-on, aux tintements des cloches des églises. Tout était calme et tiède. Dehors, on n'avait encore perçu que le glissement caoutchouteux de deux ou trois véhicules au ralenti, quand tout à coup trois voitures ont fait irruption, en klaxonnant à qui mieux mieux et se sont arrêtées devant la maison d'Altan.

Je suis sorti dans la cour, je suis monté sur le muret. Les voitures ne s'étaient pas rangées contre le trottoir, elles étaient restées au beau milieu de la chaussée, moteur en marche, comme s'il s'agissait d'une descente de police. Des deux premières étaient sortis des hommes endimanchés qui avaient claqué bruyamment les portières et s'étaient massés devant la porte d'entrée. De la dernière – un break Mercedes noir – s'extirpaient laborieusement deux matrones ensachées dans des robes chamarrées comme des tenues de camouflage. Le jeune chauffeur les aidait des deux bras. Elles sont restées sur place, les coudes sur les portières arrière ouvertes devant elles comme des boucliers, se contentant de pousser quelques cris lorsque les hommes ont commencé à parlementer avec ceux de la maison.

La porte d'Altan, en effet, s'était ouverte. Quatre ou cinq individus se tenaient sur le seuil, parmi lesquels je reconnaissais les deux oncles, le menton levé, l'air plus sombre que jamais. Apparemment, quelque chose allait de travers. Ils barraient le passage aux nouveaux arrivants. Eux les interpellaient, les bras levés, avec des éclats de voix, puis des rires forcés, comme s'ils voulaient tout de même croire à une plaisanterie. Mais les autres restaient campés sur leurs jambes, bras croisés.

Parmi les assaillants, je reconnaissais Nazim, le frère du marié, qui tient un snack-pita dans la grand-rue. Le marié, Evren, je ne le voyais pas. Il me semble qu'il y avait aussi un des jeunes gâcheurs de plâtre d'Altan. Tout à coup, l'homme le plus âgé, occupé à parler sous le nez de l'oncle Erman, s'est retourné vers les autres et les a fait taire. D'un geste solennel, il a tiré son portefeuille de sa veste et il a exhibé un billet de deux cents euros bien haut, au-dessus de sa tête, puis il a saisi la main d'Erman et le lui a fourré entre les doigts.

Erman a empoché le billet, mais il n'a pas bronché. Alors les autres à leur tour ont sorti des billets et, avec toutes sortes de gesticulations et d'interjections, ils les ont poussés dans les mains, les poches ou les pochettes des assiégés. Eux peu à peu se déridaient, laissaient les payeurs les prendre par le bras, par les épaules. Pour finir, ils se sont donné des claques dans le dos, ils riaient, et le seuil a été libéré.

À ce moment, Altan est apparu, sapé comme un milord, priant gaiement tout le monde d'entrer. Les deux matrones ont quitté la Mercedes, elles se sont avancées avec précaution, comme si elles cherchaient les pierres dans un gué. Ils les ont laissées passer les premières. Dans la rue, il y avait des gens sur le pas des portes, sortis pour observer la scène.

René

Une voiture est arrivée derrière la Mercedes. Le chauffeur a donné un petit coup d'avertisseur. Aussitôt, les deux femmes sont ressorties. Elles encadraient la mariée.

Je la vois encore, dans sa robe blanche coupée par une large ceinture rouge, des hanches jusqu'à la poitrine. Ce matin-là, en me réveillant, j'avais saigné du nez. Au printemps, cela m'arrive régulièrement, il suffit que le vent passe à l'est. Peut-être avais-je toujours à l'esprit mon mouchoir blanc trempé de sang. La ceinture de la jeune femme m'a fait penser à un bandage, comme si on l'avait frappée au ventre et que ce tissu vermeil étanchait la blessure.

Personne dans la rue n'a eu l'idée de crier «Vive la mariée !» C'est le visage radieux des épousées qui suscite ces cris. Celle-ci n'avait pas ce visage. Elle avançait le front haut, les paupières à demi fermées, comme alourdies par le khôl, sans accorder la moindre attention à quiconque.

Les badauds se sentaient de trop. Ils sont rentrés. Il n'y avait plus que moi qui tentais d'apercevoir, le cœur vaguement saisi de pitié, cette mariée d'importation. Quand elle s'est penchée pour entrer dans la Mercedes, ses yeux m'ont rencontré. Ils se sont arrêtés un instant, sombres, flamboyants. Aussitôt, je suis descendu du muret et je suis parti, troublé comme si elle m'avait fait honte.

À la fin de l'après-midi, Altan est venu me chercher pour m'emmener à la réception qui se tenait à la salle polyvalente du Sporting club. Il voulait emmener Marcel, mais je l'en ai dissuadé : Marcel n'y tenait pas, il a horreur de la foule, il est bien capable de faire une crise de panique. Beaucoup de Turcs sont supporters du Sporting, quelques-uns ont joué dans l'équipe. Moi-même autrefois, j'allais voir les matches le dimanche. La salle, je la connais bien. Souvent je la loue pour les goûters funèbres, quand on prévoit beaucoup de monde, pour l'enterrement d'un jeune, par exemple.

Elle était pleine à craquer. Sur le podium, il y avait un accordéon, une clarinette et deux autres musiciens devant lesquels dansaient quelques couples. La plupart des invités étaient attablés. Ils buvaient des limonades ou du café et mangeaient des gâteaux servis sur des plats en céramique décorés d'éclatants motifs floraux.

La famille du marié se tenait à l'entrée. Altan m'a présenté à son père. C'était l'homme qui, le matin, avait sorti un billet de deux cents euros pour amadouer les oncles. Il s'est incliné devant moi, il m'a pris la main, non pour la serrer, mais plutôt comme on touche celle d'un évêque ou d'un mafioso. Il a murmuré : « Merci, chef, merci.

— Merci, mais de quoi ? »

Il n'a pas répondu. Je pense qu'il parlait à peine français.

Sur des chaises, contre un mur à l'équerre de l'entrée, les oncles avaient pris place dans un alignement comprenant tous les hommes d'abord, puis les femmes. Certainement, les hommes s'adressaient au même tailleur, qui avait coupé leur costume dans la même pièce d'étoffe. Ils contemplaient l'assemblée d'un œil terne. J'aurais trouvé sans peine des gens plus gais dans les repas funèbres. Les femmes en revanche se penchaient l'une vers l'autre pour bavarder. Quelques-unes se levaient, formaient de petites grappes. Elles regardaient le public, se faisaient des confidences à l'oreille et secouaient la tête en riant, agitant leurs foulards chatoyants.

À cause du monde, on n'apercevait pas les mariés d'emblée. Ils étaient au fond de la salle, debout devant une longue table sur laquelle s'accumulaient les présents. Les invités faisaient la queue pour s'approcher. J'avais moi-même apporté un cadeau, une cafetière de dinanderie, dont l'achat m'avait été inspiré par la batterie de cuisine tout en cuivre de Sandra. Je me suis avancé pour prendre mon tour. Çà et là, des hommes me saluaient. J'en connais quelques-uns de vue. Parmi ceux que je ne connaissais pas, certains me disaient leur nom, leur lien de parenté avec Evren, leur métier. Aucun ne m'a demandé ma profession à moi. De toute façon, on me la demande rarement. J'étais l'invité d'Altan et apparemment le seul autochtone. Ils répétaient que je leur faisais honneur.

Enfin je suis arrivé à proximité des nouveaux époux. Evren portait une jaquette avec gilet, un pantalon rayé gris, une cravate jaune doré. Le vrai marié ! On aurait pu le planter en effigie au sommet de la pièce montée, s'il y en avait une. Maintenant je le reconnaissais tout à fait. Je le revoyais en gardien de but.

Il n'était pas très bon. Quand il encaissait, il se faisait injurier copieusement par les supporters. Il ne protestait jamais. Il ne se retournait même pas vers le public. Il reprenait position devant les filets, bien au milieu, la tête dans les épaules, l'empaumure des gants ouverte au niveau des genoux, dans un geste d'impuissance, comme s'il avait avoué au public : « Désolé, mais c'est tout ce que je pouvais faire. »

C'est cet air-là qu'il avait à côté de sa jeune épouse. Tout le temps que j'ai mis pour arriver jusqu'à eux, ils ne se sont pas regardés une seule fois. Sur la robe blanche et rouge, les invités attachaient des bijoux en or avec des épingles et, au-dessus de sa poitrine, sur l'encolure et les épaules, des billets de banque qu'ils piquaient avec des aiguilles. Elle laissait s'écouler la procession, un léger sourire sur les lèvres, imperturbable quand on agrafait les offrandes sur son buste, autant qu'une idole recevant des ex-voto.

3

Evren

« Attention ! Laisse-moi faire ! N'y touche pas, Evren, s'il te plaît ! Mais enfin, ce que tu peux être godiche ! »

Depuis toujours, c'est la même chanson. Je renverse, ça déborde, je laisse tomber. J'ai les mains en savon. Si je rattrape une chose, j'en bouscule deux autres. Et si je serre les doigts, j'écrabouille. Je suis maladroit. C'est de naissance, paraît-il.

Est-ce qu'on naît maladroit ? À la réflexion, oui. C'est même la chose la mieux partagée du monde. On débarque pas tout à fait au point. Il faut un temps de rodage. Le problème n'est pas là. C'est plus tard que ça dérape.

Il y a des enfants dont les parents s'émerveillent du moindre signe d'habileté, et d'autres dont ils n'aperçoivent jamais que les restes de balourdise. J'appartiens à la seconde catégorie. Cela doit se régler à la tête du client. Moi, ma tête, elle est grosse, carrée, j'ai le front court, en retrait, comme si je portais en permanence une casquette à l'envers. Un profil de marteau. Au premier coup d'œil, mes parents ont décidé que je ne ferais jamais dans la dentelle. Un destin de bousilleur s'ouvrait devant moi.

Les enfants comprennent vite ce qu'on attend d'eux. Pour se faire aimer, ils sentent qu'il ne faut pas contrarier l'infaillible intuition des parents. « Mon petit brise-tout ! » disait ma mère en me câlinant, les yeux débordant d'indulgence. Je ne pouvais pas la décevoir. Je suis devenu l'empoté de la nichée. Il en fallait un.

Dans l'exil, il n'y a pas d'autre univers que la famille. Et l'univers doit être universel. Rien ne doit y manquer. Altan est débrouillard, Melisa est coquette, Nazim est costaud, Rana est tendre, Evren a deux mains gauches. Ce n'est pas un reproche, c'est son rôle.

Notre famille s'appelle Kilimci. Cela signifie « tisserand ». Dans un tapis fait main, on trouve toujours des fils erratiques qui brusquement rompent l'harmonie du motif. Le tapis est une création, la création ne peut être parfaite. Seul Dieu est parfait. Dieu ne saurait tolérer un monde égal à Lui. L'empoté justifie la création.

C'est pourquoi on ne lui fait pas réellement grief de son petit travers. Mes frères et mes sœurs me chambraient gentiment. Ma mère a toujours eu, je le crois, un faible pour moi. « À l'oiseau aveugle, Dieu fait le nid », disait-elle en pressant ma tête contre sa poitrine. Il n'y a que mon père qui me battait froid.

L'été, il nous emmenait sur ses chantiers. Il a

débuté comme manœuvre dans le bâtiment, puis, rapidement, il est devenu maçon. Les patrons l'appréciaient. Non seulement il était fort comme un Turc – ça va de soi! –, mais il ne pleurait pas sa peine, il ignorait l'existence des lois sociales, ne discutait jamais. Et pour cause : il n'a jamais vraiment appris le français. Après sa journée, il acceptait encore les petits travaux dont les entreprises ne veulent pas : un escalier extérieur, les fondations d'une serre, les piliers d'un portail. Pour finir, il s'est établi à son compte. Ça a tellement marché qu'il ne savait plus où donner de la tête. Pendant les vacances, nous l'aidions.

Altan maniait la truelle aussi bien que lui et la taloche mieux. Nazim soulevait les linteaux en béton comme un haltérophile à l'échauffement, et moi, je faisais tourner la bétonneuse. Avant que je déverse le mortier dans la brouette, mon père jetait un coup d'œil à la cuve et, immanquablement, il ajoutait une pelletée de sable, de ciment ou une casserolée d'eau, en hochant la tête. À dix heures, quand on prenait le premier casse-croûte de la journée, il lorgnait sans un mot la pêche ou l'abricot supplémentaire que ma mère avait glissé dans ma musette. D'un air innocent, il demandait :

«Altan, tu n'aurais pas un fruit, toi?
— Moi? Non.
— Et toi, Nazim?
— Non, je n'en ai pas.
— Tu veux le mien, papa?
— Non, non, garde-le, puisque c'est le tien.»

Ça lui était tout à fait égal que je réussisse bien à l'école. Lui-même savait tout juste lire et écrire. Au-delà de cela, toute science lui a toujours paru suspecte. Dans son enfance, en Anatolie, les seules personnes instruites étaient les hommes de Dieu. Il avait appris à s'en méfier. Avant l'exil, il avait travaillé quelque temps à Istanbul et là, dans le foyer des travailleurs, il était devenu kémaliste. Son Dieu, c'était Atatürk; la république laïque, sa religion. Pendant le ramadan, quand les familles de la Tannerie se cotisaient pour faire venir un imam du pays, il payait comme tout le monde, mais il n'assistait pas aux réunions. Il ne jeûnait pas. Comment aurait-il tenu, lui qui, en dehors du matin et du soir, se calait l'estomac trois fois sur le chantier?

« Une heure de justice vaut cent ans de prière. »

C'était son proverbe à lui. Par justice, il entendait non pas le respect des lois du pays de l'exil, mais le code qu'il tenait de nos ancêtres, sur lequel reposent la dignité des hommes et l'honneur des femmes de la maison. Dans toute la Tannerie, on ne se réclamait que de cette seule justice. Chaque famille veillait à la sienne, tout en gardant un œil sur celle des autres.

Les ancêtres, par exemple, n'auraient pas compris que les garçons de la Tannerie s'amusent comme les garçons du nouveau pays – même si ce pays était devenu le leur –, à sortir la nuit, à boire, à trousser les filles sur la banquette arrière des voitures. Les ancêtres étaient à cheval, debout sur les étriers, nobles, fiers. Leur plaisir, c'était l'échauffourée, la prouesse, les lauriers. En conséquence, Altan crawlait trois fois par semaine, Nazim fréquentait le club de karaté, et moi je jouais au football.

Quand je me suis affilié au Sporting, personne ne savait que j'étais maladroit. Du coup, je suis devenu le meilleur gardien de but des dix dernières années. Ceux qui en doutent peuvent consulter les annales du club. Il suffit de compter les points.

C'est l'équipe qui était mauvaise. Il aurait fallu lui rappeler que l'objectif au football consiste à marquer plus qu'on n'encaisse. On ne marquait jamais, parce que aucun joueur ne voulait qu'un autre marque à sa place. Mais forcément, on encaissait.

Le public ne hue pas l'avant-centre qui shoote sur le poteau. Il pousse un cri de déception. En revanche, si le gardien rate d'un cheveu son arrêt, il a droit à tous les noms d'oiseau. Ce que j'en ai entendu ! À quoi bon riposter ? Pour verser de l'huile sur le feu ? À force, j'étais blindé. Ça m'a plutôt servi.

J'ai étudié la comptabilité. Spécialité : système européen de comptabilité nationale. Comme tous les gens simples, j'aime les mathématiques. Il n'y a rien de plus rassurant que les mathématiques. Toutes les autres sciences se cassent les dents sur le réel. Les nombres flottent, insouciants, immuables dans leur univers clos, totalement prévisibles pour qui sait y faire. Les nombres sont une consolation pour l'homme ballotté par le destin.

J'ai terminé ma formation en Erasmus à Cologne. Mon oncle Murat, le frère aîné de mon père, m'a hébergé. C'est là que tout a commencé : pour la première fois, j'ai désiré la femme.

J'avais vingt et un ans. Jusqu'alors, ce que je prenais pour le désir n'était que l'exaspération diffuse que l'autre sexe insinue à nos sens. Je confondais l'appétit et la famine.

À Saint-Barthélemy, j'avais connu des filles. J'étais bon élève, du genre discipliné. Les seuls reproches que les professeurs pouvaient m'adresser concernaient ma position de repli. Ils y voyaient de l'indifférence, de l'ingratitude peut-être. J'étais toujours au fond de la classe. En fait, j'observais. Je m'indignais intérieurement que des blancs-becs qui n'écoutaient même pas interrompent les maîtres pour poser des questions stupides. « Le sage ne dit pas ce qu'il sait et le sot ne sait pas ce qu'il dit » : autre sentence de ma mère.

Cela m'a valu des amies, des filles fatiguées de la jactance générale, à qui mon silence plaisait. Ce qu'elles aimaient en moi, c'est qu'il n'y avait aucun risque, croyaient-elles, que j'ose les aimer. Cette assurance, de fait, est un puissant antidote. Elles pouvaient être tranquilles. Les Turcs et les gays, quel confort !

Gay, en tout cas, Dieu sait si je ne l'étais pas. J'étais amoureux des onze mille vierges. Une à une, j'ai convoité toutes les filles turques de la Tannerie. J'avais en permanence un fer au feu. Mais elles étaient farouches. À chaque fenêtre, l'œil de la justice était aux aguets. Ensuite, après Saint-Barthélemy, quand j'ai fréquenté l'école supérieure de commerce, j'étais tellement éreinté par le travail et les trajets que je n'étais plus propre à rien. À Cologne enfin, je me trouvais sur place, les horaires étaient plus légers et mon cœur a recommencé à piaffer.

Mon oncle Murat avait quatre garçons et une seule fille, Derya, la fierté de la maison. Elle avait dix-sept ans. Elle était vive comme le feu. Sous ses sourcils en lames de sabre, ses yeux noirs étincelaient. Mais c'est quand elle sortait, qu'elle passait son voile autour de son visage, qu'elle était la plus belle. Comment peut-on penser que le voile emprisonne la beauté féminine ? Une femme laide masque sa laideur par une coiffure savante. Le voile épure la beauté de la femme belle. Il offre dans un écrin ses traits dépouillés de tout artifice.

Je n'apercevais Derya qu'aux repas. Le reste du temps, elle disparaissait, je ne sais où. Je ne lui parlais pas. Mon oncle Murat ne le souhaitait pas, je le sentais bien. Il veillait sur elle comme sur la prunelle de ses yeux.

C'était un homme paisible. Il travaillait pour la Deutsche Bahn, à l'entretien des voies ferrées. Après sa journée, il jouait aux dominos au *Türkübar*, avec des vieux en pantoufles. Cependant, à table, il tranchait le pain à l'aide d'un couteau à cran d'arrêt qui ne le quittait jamais. La lame jaillissait en un éclair et claquait comme un avertissement. Un jour qu'il repliait son couteau avant de le remettre dans la poche de sa veste, il m'a dit comme pour s'excuser :

Loin des mosquées

« Le jour où Derya se mariera, j'irai jeter cette saleté dans le Rhin. »

Derya s'est levée, rouge comme une cerise, donnant à tous le spectacle édifiant d'une jeune vierge qui ne peut même pas entendre le mot « mariage » sans se troubler.

Sa pudeur, cependant, j'ai bientôt su ce qu'il en était.

Un jour de juin, je suis rentré l'après-midi dans la maison vide. Tous les cours avaient été annulés. Il faisait une chaleur d'enfer. Je suis allé jusqu'à la salle de bains dans l'intention de m'y rafraîchir. J'ai poussé la porte.

Face au lavabo, devant la glace, légèrement penchée, occupée à redessiner l'arc de ses sourcils, Derya se tenait entièrement nue. J'aurais dû m'excuser, refermer la porte, battre en retraite. Je suis resté cloué sur place. Peut-être parce que Derya elle-même – comme elle l'aurait dû – n'avait pas poussé le moindre cri. Au contraire, elle s'est tournée tranquillement vers moi, sans un mot, de face. Bien sûr, j'avais vu des femmes nues au cinéma, dans Playboy. Mais la présence réelle de la nudité, seul à seule, je ne l'avais jamais éprouvée. Je sentais l'odeur, la chaleur du corps de Derya et même un rayonnement, qui sûrement n'existe pas, mais que je percevais, je le jure, comme un ermite en extase. La pointe de ses seins avait accompagné d'une oscillation inégale le geste de ses bras qu'elle avait ramenés le long de ses hanches. Sa respiration creusait et soulevait hardiment l'alvéole de son ventre pâle. Au-dessus de son genou gauche, une veine bleue palpitait, sur la face intérieure de la cuisse. Elle ne tentait pas un geste pour se dissimuler. Ses mains aux ongles peints étaient immobiles, le pouce collé à l'index, comme s'il tenait l'ultime pincée de sa décence.

Alors, elle a commencé à pivoter, elle a fait un tour complet sur elle-même, sans me regarder, se tordant la nuque pour se contempler elle-même dans la glace et, quand elle est revenue face à moi, sans chuchoter, sans la moindre altération de la voix, elle m'a demandé en allemand, alors que je ne l'avais jamais entendue parler que turc : « Tu as bien vu ? »

Si j'avais bien vu... ? J'ai soufflé stupidement « Oui... ». N'importe comment, il n'y avait pas de mots.

Un voile de tristesse aussitôt est descendu sur son visage et ses lèvres ont laissé tomber : « Va, va maintenant ! »

J'ai obéi, je suis parti. Congédié. Exactement comme si elle avait essayé une toilette dont elle n'était pas sûre et qu'elle aurait demandé son avis à une boniche, un valet de chambre, un eunuque.

Par la suite, aux repas, elle ne m'a nullement accordé plus d'attention. De toute façon, je n'osais pas la regarder. Je regardais le couteau à cran d'arrêt à la droite de mon oncle. La nuit, la nudité de Derya me poignardait l'âme.

Dès que je suis rentré ici, j'ai compris que je ne pourrais plus me passer de sa présence. J'ai tout de suite trouvé un emploi, j'avais un bon salaire, je pouvais faire vivre une famille. J'ai annoncé à mes parents que je voulais me marier.

« Te marier, toi, Evren ? Mais avec qui ? »

Ils s'attendaient au pire. Mes sœurs, Melisa et Rana, sont convenablement établies. Pour elles, grâce à Dieu, tout s'est passé comme ils le souhaitaient. Mais Altan a épousé une chrétienne. Passerait encore – après tout, la religion elle-même ne l'interdit pas – si Nazim ne vivait avec une Kurde qu'il a installée dans l'appartement au-dessus de son snack à pitas. Alors qu'est-ce que l'empoté leur réservait comme tuile ?

« Je veux épouser Derya.

— Derya ? Quelle Derya ?

— Ma cousine Derya. »

Oh, mais il fallait le dire tout de suite ! Quelle épine hors du cœur ! Enfin une union conforme à nos traditions ! Épouser la fille de son oncle paternel ! La paupière de mon père pliait sous le repentir. Un peu plus, elle se serait fendue d'une larme. Il m'avait bien mal jugé ! Ma mère exultait de fierté pour son petit canard boiteux. Ah, on avait raison de le dire : « Ce qui n'arrive pas dans l'année peut arriver dans la journée ! »

Le soir même, mon père a téléphoné à son frère Murat. Et huit jours plus tard, ma mère et mes sœurs ont décidé de se rendre à Cologne en ambassade pour présenter la requête de la famille.

Ce n'est pas dans les usages que le bénéficiaire accompagne la délégation. Mais elles craignaient de ne pas pouvoir se débrouiller en Allemagne. Elles ne quittent la Tannerie que pour leurs courses au supermarché une fois par semaine et tous les deux ans pour l'aéroport au départ des vacances en Turquie.

Nous avons été reçus par ma tante et Derya. L'oncle Murat, ses fils étaient invisibles.

Ma tante nous a installés dans le salon.

« Tu n'irais pas faire un tour, Evren ?

— Laisse-le donc, Selma », est intervenue ma mère.

Elle a posé la main sur mon bras et m'a fait asseoir à côté d'elle. Sa main est restée sur moi. Je sentais ses petites contractions qui me transmettaient ses sentiments.

La conversation s'est engagée comme s'il s'agissait d'une simple visite de courtoisie. Ma mère et mes sœurs s'extasiaient sur les meubles, les tapis, les cuivres, les bibelots. Tout était si beau, si bien tenu par ma tante et Derya qui avaient certainement beaucoup à faire avec cinq hommes à la maison. Derya avait été à bonne école. Quelle épouse merveilleuse elle ferait le jour venu ! Comme il serait heureux l'homme qui l'emmènerait sous son toit ! Que disait encore le proverbe ? Ah oui : « Prends l'étoffe d'après la lisière et la fille d'après la mère ! »

Derya fixait le tapis sur lequel ses pieds étaient modestement joints. Moi aussi je me taisais. Je savais que je n'avais pas droit à la parole.

« Derya, va donc préparer le café ! » a demandé ma tante.

Derya sortie, ma mère et mes sœurs ont surenchéri sur sa beauté, son visage comme la lune qui se lève au printemps, sa taille comme une pousse de palmier à la brise, ses épaules comme les galets émergeant d'un torrent d'eau claire. Des expressions qu'elles avaient pêchées sans doute dans les romans turcs à l'eau de rose dont elles se gavent. Si elles avaient soupçonné un seul instant la description autrement précise des charmes de Derya que j'aurais pu leur fournir, elles seraient rentrées entre les lattes du parquet. À l'instant où Derya s'était tournée pour quitter la pièce, son corps avait eu ce même mouvement de rotation que je lui avais vu dans la salle de bains et aussitôt sa nudité m'avait sauté aux yeux exactement comme si ses vêtements venaient de se volatiliser. Quand ses pas dans le couloir ont annoncé son retour, j'ai d'abord serré les paupières pour chasser cette insupportable vision.

Elle a servi le café. Ma mère a porté la tasse à ses lèvres et, après la première gorgée, elle a blêmi. Ses ongles s'enfonçaient dans mon bras.

« Derya, tu n'as rien oublié ?
— Non, ma tante.
— Tu es sûre ?
— Tout à fait sûre.
— Mais le sucre... ?
— Il n'y a pas de sucre. »

Sa voix était très basse, mais très ferme. Ma mère s'est tournée vers ma tante.

« Qu'est-ce que ça veut dire, Selma ?
— Tu sais fort bien ce que ça veut dire quand on demande une fille en mariage et qu'elle verse du

café sans sucre. Tu as compris. J'aurais voulu que ça se passe en dehors de la présence d'Evren. C'est toi qui l'as retenu. Mais, bon, puisque c'est ainsi... J'ai longuement parlé avec Derya, je t'assure. Encore ce matin. C'est non. Elle ne veut pas d'Evren. Et son père ne veut pas la forcer. Nous n'avons que cette fille.

— Mais pourquoi ne veut-elle pas d'Evren ? Pourquoi ?

— Elle ne le veut pas et c'est tout.

— Mais elle ne le connaît pas !

— Je sais, je sais !

— Evren est un brave garçon, elle sera très heureuse avec lui quand elle sera mariée.

— Je me suis tuée à le lui dire, tu penses bien ! Elle ne veut rien entendre.

— Derya, mon enfant, dit ma mère en se tournant vers elle, je t'assure que tu ne saurais trouver un meilleur mari que mon Evren.

— C'est possible, a murmuré Derya, mais je ne le supporterai jamais.

— Je devine ce qui te retient. Ne fais pas attention à son visage, Derya. "Qui fuit la pluie rencontrera la grêle."

— Ce n'est pas son visage que je ne saurais supporter, ma tante.

— Quoi alors ?

— Ce sont ses yeux. »

4

Evren

Quelle humiliation ! Derya s'était adressée à ma mère avec respect, avec compassion même, comme si le déplaisir qu'elle lui causait la désolait réellement, mais à moi, elle n'avait même pas accordé un regard. Elle me broyait le cœur comme on écrase un insecte. Elle n'avait de raison à rendre qu'au clan. Moi, je comptais pour rien.

Ah, la domination des mâles sur les femmes, parlons-en ! Lequel d'entre eux se soustraira jamais au terrible moment où il se trouve sur le seuil de la femme ? La femme est dedans, l'homme est dehors. C'est la nature. Aucune religion, aucune civilisation ne changera cela. Le mâle finit toujours dressé devant les clous de la porte. Il demande que la femme ouvre. Et si elle se barricade, il ne lui reste qu'à ravaler son honneur ou à enfoncer les deux battants, pour le sauver dans l'instant, mais le perdre plus sûrement encore au bout du compte.

On a beau voiler la femme, la tenir en bride, faire jaillir sur la table chaque soir la lame bleue d'un couteau à cran d'arrêt, autant se battre les flancs. La minute où elle dira oui ou non reste là, suspendue sur la vie à venir, plus redoutable encore si sa liberté tout entière se ramasse sur cette unique sentence.

Je suis redevenu l'empoté, plus empoté que jamais. Sans doute ma mère m'a-t-elle plaint sur le coup. Mais mes sœurs humiliées n'ont pas attendu pour crier haro sur le baudet. Melisa en particulier. Qu'est-ce que j'avais bien pu trafiquer pendant mon séjour pour m'attirer une aversion pareille ? Mon regard ! Derya ne supportait pas mon regard. Naturellement, j'avais dû la poursuivre avec mes gros yeux de carpe. Je l'avais gênée, embarrassée, elle n'osait plus se montrer... Je n'avais pas la moindre idée de ce que pouvait être la pudeur d'une jeune fille.

Ne mentionnons même pas mon père. Que j'aie subi un affront ne lui serait pas passé par la tête. Il avait bien assez à s'occuper de celui qu'il avait essuyé. Jamais plus il n'oserait adresser la parole à son frère. Telle était la récompense d'un homme qui s'était saigné aux quatre veines pour ses enfants.

Le seul qui m'ait témoigné un peu de pitié, c'est Altan.

Un soir, chez lui, on a parlé. On était assis au salon, après le repas, côte à côte sur le divan. Il a posé sa grosse main farineuse de plâtrier sur mon genou.

« Arrête de t'embêter avec les Turques, Evren. Épouse une femme d'ici ! »

Il me souriait avec l'air suffisant de qui a su y faire. Sandra était montée à l'étage coucher les deux petites.

Il a ajouté, comme s'il me mettait dans la confidence :
« Tu verras, tu n'auras que l'embarras du choix... »

À croire que lui-même n'avait eu qu'à ouvrir le bec, que les alouettes étaient prêtes à tomber toutes rôties dans sa bouche. Sandra était peut-être gentille, mais dans le genre volatile, elle évoquait plus une poularde qu'une frêle alouette.

Je me suis longtemps demandé ce qu'Altan avait bien pu lui trouver. Tout bien pesé, je pense que c'était sa docilité. Elle ne quittait jamais sa maison, elle le traitait comme un pacha. Ce soir-là, elle s'était à peine assise. Elle n'abandonnait ses fourneaux que pour nous servir, passait derrière nous, frôlait à chaque fois Altan – qu'elle n'appelait qu'Altani –, se posait un instant à un coin de la table pour picorer, l'œil sur nos assiettes, sans se mêler à la conversation autrement que pour rire des plaisanteries de son homme. En fait, elle était plus turque que n'importe quelle Turque.

C'est cela, je crois, qu'Altan recherchait. À la Tannerie, il n'avait repéré aucune fille qui pourrait lui être soumise à ce point. Rien qu'à voir Sandra, son corps évasé comme une bouteille de Coca-Cola, sans aucune aspérité du menton jusqu'aux pieds, ses yeux d'otarie, il avait deviné qu'elle ferait son affaire. Et elle, après tout, elle n'avait peut-être pas envie d'être une femme occidentale, libérée, obligée de passer par une cure d'amaigrissement, d'être caissière ou standardiste, de se tordre les pieds sur des hauts talons. Son idéal, inavouable chez les siens, elle le réalisait dans sa dévotion à Altan. Auprès des vraies femmes occidentales, il n'aurait pas eu plus de chance que moi.

« Arrête, Altan, tu sais très bien que les filles d'ici se moquent de moi.

— Et pourquoi donc ?

— Tu as bien regardé ma tête ?

— Mais qu'est-ce qu'elle a ta tête ? Quelle importance ? Tu as fait des études, tu as une bonne situation, tu es le mari parfait !

— Ah oui...? »

J'aurais pu lui rétorquer que, pour un affranchi, il raisonnait exactement comme un intégriste. À l'entendre, le mari dont rêvait toute femme, c'était l'homme capable de la faire vivre à son crochet. Elle n'attendait que cela, le nid douillet avec la cuisine en chêne massif, les coussins, les kilims dans le salon, la chambre en bonbonnière où elle pondrait la progéniture. Cela n'effleurait pas son esprit tellement émancipé que, pour se marier, ce ne serait pas un luxe de s'aimer.

Est-ce qu'il aimait Sandra ? Sûrement il aimait ce qu'il avait trouvé en elle, la fée du logis, la mère de ses deux fillettes. Mais elle, Sandra, en tant que femme, est-ce qu'il l'aimait ? Et plus encore, en tant qu'être humain, doté de son sexe par le seul effet des lois de la probabilité, mais condamné comme lui à vivre et à mourir, est-ce qu'il l'aimait ? Je crains qu'il n'y ait jamais pensé.

Dans le désastre de ma demande en mariage, en effet, la seule chose dont personne ne se souciait, c'était de l'amour. Pour mes parents, pour mes sœurs, pour Altan, dans toute cette histoire, il était question d'union matrimoniale, pas d'amour. Cela n'avait rien à voir. Personne n'avait jamais imaginé que Derya puisse m'aimer. Il suffisait que sa famille accepte le mariage. Comme c'étaient des gens délicats, ils préféraient que leur fille soit d'accord. Mais l'amour, pour quoi faire ? L'amour est chose si fragile qu'il ne faut pas être grand prophète pour prédire qu'il s'éteindra tôt ou tard. Et alors, qu'en serait-il d'une alliance fondée sur ce feu de paille ? L'amour est la pire illusion du mariage. « Quand la lampe est éteinte, toutes les femmes sont les mêmes », disait ma mère.

D'ailleurs, Derya n'avait pas allégué qu'elle ne m'aimait pas. Cela allait de soi. Elle avait seulement invoqué qu'elle ne supporterait pas de vivre avec moi, sous mes yeux, pour être précis... Elle savait très bien ce que mes yeux stupéfaits avaient contemplé. C'est cela sans doute qu'elle ne voulait pas retrouver dans mon regard. Jamais, je ne lui ai fait des yeux de carpe pâmée, comme me le reprochaient mes sœurs. Ce qui lui était insupportable c'était l'image d'elle-même que mes yeux lui renverraient désormais comme un miroir.

Et moi, est-ce que quelqu'un se demandait si j'aimais Derya ? Ce grand nigaud d'Evren amoureux, c'était à mourir de rire, non ? L'amour, c'est bon pour les romans, les chansons, c'est pour les beaux gosses de la série *Aliya* que mes sœurs regardaient tous les jours sur le satellite. Mais dans la vie, ça n'existe pas plus que les tapis volants.

Et pourtant, la vérité c'était cela. Je crevais d'amour pour Derya et son refus n'avait fait que remuer le couteau dans la plaie.

Quand on veut l'amour d'une femme, le dernier moyen qu'on imagine pour le gagner, c'est un mariage arrangé. Moi, j'étais l'exception. Je voulais l'amour de Derya et je n'avais d'autre recours pour l'obtenir que le Grand-Guignol des mariages de convenance.

Peut-on vraiment se représenter ce que c'est que la passion ? Je ne pensais plus qu'à Derya. Elle avait pris possession de moi. J'en étais affolé. On dit que l'amour dilate le cœur. Il faut ne l'avoir jamais ressenti pour gober une idiotie pareille. L'amour rétrécit tout. On entre dans un tunnel. On ne voit plus rien, sauf là-bas, devant soi, dans la lumière aveuglante, l'objet de son désir. Le reste a disparu dans le noir.

Derya était devenue ma divinité. L'image de son corps me hantait. La nuit, elle m'apparaissait comme si elle était de nouveau devant moi, à portée d'un geste de mes bras paralysés. Je sentais son parfum, sa respiration, l'air qu'elle déplaçait au moindre de ses mouvements. Plus d'une fois, je me suis réveillé avec la certitude absolue qu'elle venait de poser ses doigts sur ma bouche. Mes lèvres s'étaient rétractées et je sentais le picotement électrique qui en parcourait la pulpe tandis qu'elle reprenait sa forme.

On pensera que la nudité obsédante de Derya m'avait précipité dans un délire érotique. Rien n'est plus faux. De toute ma vie, je n'ai jamais été si chaste. Quand je passais devant les kiosques à journaux, je tournais la tête. L'insolente impudeur des cover-girls me soulevait l'estomac. Toutes ces demi-nudités me paraissaient vulgaires, elles étaient une offense, un attentat à la nudité même : le nu divin de Derya dont l'épiphanie habitait mon âme en permanence.

J'ai résolu de lui écrire. Cela m'a pris des jours. J'ai fait des dizaines de brouillons. Je lui rappelais ce qui s'était passé entre nous. Pourquoi s'était-elle révélée à moi pour me rejeter aussitôt ? Quelle était cette cruauté ? Je me plaignais, je lui faisais des reproches amers, en quels termes à la fois véhéments et réservés, je ne le sais plus, bien qu'il m'ait fallu une éternité pour les choisir un à un. Je la suppliais de revenir sur sa décision. Je ferais tout ce qu'elle voudrait. Si mes yeux la gênaient, je porterais des lunettes noires en sa présence.

Oui, cette ânerie, je l'ai écrite telle quelle. Toutes les lettres d'amour sont ridicules. On le sait en prenant la plume, sinon on n'écrit pas ce genre de lettre. La mienne était un chef-d'œuvre.

J'ai fermé l'enveloppe et je l'ai rouverte je ne sais combien de fois pour relire, apporter une dernière correction et même pour m'assurer que j'avais bien mis le texte à l'intérieur. Avant de la laisser glisser dans la boîte aux lettres, je l'ai tenue au bout de mes doigts tremblants, à moitié engagée sur la fente, et je ne l'aurais peut-être pas laissée tomber si un passant ne s'était arrêté pour m'observer d'un air soupçonneux. Il s'imaginait déjà témoignant au commissariat contre « l'Arabe » qu'il avait vu de ses yeux poster la lettre piégée qui le lendemain devait contaminer l'ambassade d'Israël.

Evren

Ensuite, j'ai battu la semelle une heure ou deux dans les parages, à me demander si le facteur chargé de la levée voudrait bien me rendre la lettre pour que je la recommence. Finalement j'ai renoncé, vaincu par la honte. Je suis rentré. J'ai commencé à attendre.

À cette époque, je ne travaillais pas encore à Luxembourg. Je rentrais chez mes parents chaque soir et, chaque soir, j'espérais trouver la réponse de Derya. Derya ne répondait pas. Je le sais aujourd'hui. Sur le coup, je n'ai pas pu le croire, j'ai soupçonné ma mère d'avoir intercepté le courrier.

Ma mère, en effet, s'apprêtait à passer de l'abattement à la riposte.

Naturellement, toute la Tannerie avait été au courant de notre projet de mariage. Mes sœurs s'étaient fait un devoir de répandre partout la bonne nouvelle. Quelle réhabilitation pour la famille après les unions douteuses d'Altan et de Nazim ! Et maintenant, il fallait drôlement en rabattre.

Ma mère s'était d'abord mise à répandre la rumeur qu'on n'avait pas pu se mettre d'accord sur la dot. Bien sûr, il ne s'agissait pas de mégoter sur les petits bijoux en or, les pendentifs, les bagues, toutes les breloques que l'on offre traditionnellement à la mariée. Cela, naturellement, nous étions tout à fait disposés à l'accorder à l'Allemande – c'est ainsi que ma mère désignait désormais Derya –, mais il y avait le plus important, le capital, qui assure la sécurité à la femme mariée selon le droit musulman, qu'elle conserve même en cas de rupture. Les pères ne s'étaient pas entendus sur le compte d'épargne qu'il fallait ouvrir à l'usage exclusif de Derya. Évidemment, les Allemands roulent sur l'or. Ils avancent des sommes qui ne se trouvent pas sous le pied d'un pauvre maçon ou de son fils qui fait ses premiers pas dans la vie. On a raison de le dire : « Le miel fait sortir le serpent de son trou ! »

Pour le reste, j'ignorais ce que ma mère mijotait.

C'était l'année où, en compagnie de mes sœurs, elle retournait en Turquie. Normalement, elles y allaient en été. Mais ma mère était pressée. Elles sont parties au début de janvier. Mon père avait trop d'ouvrage pour songer à prendre des vacances. Il réservait pour l'hiver les travaux d'intérieur qu'il acceptait en grand nombre. Moi-même, cette année-là, je n'ai pas pris de congé, même pendant les fêtes. Je m'abrutissais de travail. Seuls les chiffres arrivaient à refouler jusqu'à la nuit la pensée lancinante de Derya. Peu à peu, je me suis fait à l'idée qu'elle ne répondrait jamais. Le soir, j'installais son souvenir dans mon âme solitaire, comme on finit par poser une photo sur la cheminée entre deux bougies qu'on rallume, le cœur serré.

En février, ma mère est rentrée. Elle ne tenait pas en place. Après le repas, elle nous a installés au salon pour le café. Ça faisait un mois que mon père et moi n'avions pas mangé de si bon appétit. Mon père avait desserré sa ceinture, il avait demandé un petit verre de raki. Ma mère a servi le café, elle a déballé les cadeaux qu'elle avait rapportés. Pour mon père de l'after-shave, un pot de tabac turc pour la pipe et une casquette anglaise. Pour moi, des loukoums Haci Bekir, que nous avons aussitôt entamés.

« Mais ce n'est pas tout, mon petit Evren... j'ai une autre surprise, bien plus sucrée encore !
— Ah oui ?
— Une surprise qui va changer ta vie ! Je ne veux plus te voir cet air de déterré. Regarde-toi ! Tu sèches sur pied.
— Je t'assure que je vais très bien, maman.
— N'essaie pas de me tromper. "La mère d'un muet comprend ce qu'il dit." Voilà : Rana, Melisa et moi, nous sommes allées voir mon frère Kaan. Tu te rappelles ton oncle Kaan ?
— Oui, oui.
— Et tu te rappelles ta cousine Yasemin ?
— Yasemin ? Oui, enfin, je crois, vaguement. »

Je voyais une petite fille vive que j'avais aperçue une fois ou l'autre pendant les vacances en Anatolie, quand nous visitions l'oncle Kaan, un homme rude qui élevait du bétail et quelques chevaux akhal-teke.

« Tu sais quel âge elle a maintenant, Yasemin ?
— Non.
— Seize ans. Je t'assure qu'elle est jolie. Et travailleuse avec ça. Kaan, qui est toujours après tout le monde, n'arrête pas de chanter ses louanges. »

Bien sûr, j'avais déjà compris. J'aurais voulu me lever, quitter la pièce et me réfugier dans ma chambre auprès du souvenir menacé de Derya. Mais ma mère m'a fait rasseoir et elle s'est tournée vers mon père qui n'avait encore ouvert la bouche que pour siroter son raki.

« S'il te plaît, Gani, dis-lui de m'écouter !
— Écoute ta mère, mon fils.
— Bien. Avant de monter sur tes grands chevaux, regarde d'abord ceci, Evren. »

Elle a sorti de son sac un calepin en cuir et l'a ouvert sur la table. À l'intérieur, il y avait la photo d'une jeune fille, le visage délicat, les pommettes hautes, rosissantes, coiffée d'un foulard laissant libres son cou et la naissance de la chevelure qui tombait en mèches brunes sur son front.

« N'est-elle pas belle ?
— Si, très belle.
— C'est une bonne fille, crois-moi. Je connais les miens. Un mariage selon la chair, cela vaut toujours mieux qu'un mariage selon les os. (Mon père n'a pu réprimer une grimace.) Tu verras, tu ne perdras rien au change.
— Maman, s'il te plaît !
— Je lui ai fait voir ta photo, je n'avais malheureusement que celle du journal, en gardien de but, quand tu avais sauvé le Sporting. Même comme ça, tu lui as plu. D'ailleurs, elle se souvenait très bien de toi.
— Maman, je t'en prie, arrête ! Je n'ai plus du tout l'intention de me marier. C'est fini. Je veux rester seul.
— Quoi ? Seul ? Célibataire ? Mais, enfin, Gani, dis quelque chose à la fin !
— Evren, écoute, tu devrais...

Evren

— Tu ne nous as pas encore assez couverts de honte ! Hein ? Qu'est-ce que les gens vont dire ? Que j'ai enfanté un impuissant, un châtré, un cheval hongre ? Evren, tu as décidé de me faire mourir de gêne. Gani !

— Ta mère a raison, Evren, tu ne peux pas nous déshonorer. »

Est-ce pour cela que j'ai fini par céder ? De toute façon, tout m'était égal. Ma mère a pu poursuivre triomphalement l'exécution de son projet.

Deux semaines plus tard, Yasemin et ma tante sont venues passer quelques jours à la maison. Pendant ce temps-là, je suis allé habiter chez Altan. Je travaillais désormais à Luxembourg au siège de la maison d'import-export où j'avais débuté. J'avais en vue un appartement à la Tannerie, mais il ne devait se libérer qu'au mois de mars.

La rencontre a eu lieu un samedi après-midi. Cette fois, c'est ma mère qui avait préparé le café, et il était sucré à mort. Au coin du canapé, Yasemin n'occupait qu'une petite place, les paupières baissées, fragile, plus rose encore que sur la photo. Il n'était pas question d'ambassade, mais seulement de se présenter l'un à l'autre. Ma mère a demandé que j'explique ce que je faisais dans la vie. Je ne trouvais pas les mots en turc. Elle a pris la relève à sa façon. J'étais la main droite du directeur, son oreille, le gardien de sa fortune. Yasemin et sa mère me regardaient avec respect. Et Yasemin, qu'est-ce qu'elle faisait ? Elle avait fréquenté une école ménagère. Elle cousait très bien. D'ailleurs, tous les vêtements qu'elle portait étaient de sa main, et ceux de sa mère également. « Lève-toi, Yasemin ! Montre à Evren ! »

C'était tellement pénible que j'ai prétexté un coup de fil urgent à donner à mon patron pour disparaître. Je suis rentré chez Altan.

« Alors, comment est la cavale ? a-t-il demandé.

— Altan ! enfin !

— Ne le prends pas mal, Sandra ! Nous autres, les Turcs, nous adorons les chevaux. Il n'y a rien de mal à comparer une femme à une pouliche entre nous, au contraire. N'est-ce pas, Evren ?

— Non, non.

— Tiens, il y a même un proverbe si je me souviens bien : "La jument appartient à qui saura la monter." C'est ça, Evren ?

— Je ne sais plus.

— On parle du cavalier, pas de l'étalon, bien entendu. »

Mon frère me lançait des clins d'œil égrillards. Cette conversation me rendait encore plus odieux le manège de ma mère. Quelle inconséquence de ma part ! Je n'avais rien trouvé à redire à l'ambassade à Cologne, mais les pourparlers au sujet de Yasemin m'écœuraient. Altan mettait le doigt sur la plaie en parlant de cheval. Un peu plus, ma tante aurait ouvert la bouche de Yasemin devant moi pour que je lui examine les dents.

Elles sont reparties. Ma mère avait proposé quinze jours de réflexion, bien que, pour sa part, Yasemin fût déjà tout à fait décidée.

J'ai cédé. Je savais bien que Derya ne m'écrirait

jamais. La rancune peu à peu prenait la place de l'amour dans mon cœur. Mes parents ont fait parvenir une bague de fiançailles à Yasemin. La date du mariage a été fixée.

C'est alors que la lettre est arrivée. Je l'ai vue sur la table de la cuisine un jour que je rentrais de mon travail. Elle portait un timbre allemand oblitéré à Cologne. Elle était adressée à mon père.

Je lui ai proposé de la lui lire, comme je le faisais pour toute sa correspondance. Derya – oui, Derya, enfin ! – commençait par ces mots qui me rendaient à la vie :

« Mon cher Oncle,

Je vous écris au nom de mon père pour vous informer que nous avons décidé d'accepter le mariage que vous nous proposez avec votre fils, mon bien-aimé cousin Evren... »

5

Derya

Bien plus tard, lorsque je l'ai rencontré, je l'ai expliqué à René, parce qu'il pensait connaître les morts : il n'y a pas que les morts qui sont morts, il y a aussi des vivants morts. Ma mère par exemple. Ma mère était morte. C'est elle-même qui me l'a dit un jour.

« Derya, je suis morte.

— Ne dis pas de bêtises, maman.

— Je sais ce que je dis : je suis morte, là, à l'intérieur. »

Elle était dans ma chambre, couchée sur le ventre, à même le couvre-lit. Elle avait enlevé sa robe, son chemisier et fait glisser sa combinaison sur ses hanches. Ses épaules étaient couvertes d'eczéma. J'étais occupée à lui donner les soins. Je mettais un baume pour apaiser les démangeaisons.

Sa tête reposait de côté sur l'oreiller. Elle ne me regardait pas. Ses yeux fixes étaient perdus dans le vague. Les rideaux étaient tirés, la porte fermée à clé.

Elle ne pouvait s'occuper de ses épaules elle-même.

Derya

Depuis longtemps, elle souffrait d'eczéma sur les mains, sur les avant-bras. Jusqu'alors, elle se soignait sans l'aide de personne. Mais le mal, après des années, était d'un seul coup passé sur son dos, laissant tout aussi subitement ses membres guéris. Il avait décidé de changer de théâtre d'opérations, d'occuper des lieux d'accès plus difficile, d'où ma mère ne pourrait le déloger.

Ma mère, en effet, ne confiait son corps à personne. Elle n'avait même pas consulté un médecin. À quoi bon ? Pour qu'il lui répète de quoi elle souffrait ? Elle le savait déjà. Mon père pour rien au monde ne l'aurait touchée. Les croûtes, les squames sur sa peau l'effrayaient. Il avait arrêté une fois pour toutes : « Cette lèpre, c'est Dieu qui l'envoie. »

On ne pose pas la main sur l'empreinte de Dieu.

Je voyais comment ma mère souvent se frottait le dos contre le dossier de sa chaise, à la façon d'une bête qui s'étrille contre un pieu de son enclos. Je venais d'avoir quatorze ans. J'avais pitié.

« Je vais m'occuper de toi.

— Laisse donc.

— Tu ne peux pas rester comme ça. »

Elle n'avait pas voulu que cela se fasse dans sa chambre – ou plutôt dans « la » chambre, comme elle disait pour désigner la chambre conjugale.

« Chez toi, alors, Derya, s'il te plaît.

— Si tu veux. »

Mes frères n'avaient qu'une chambre. Moi, j'avais la mienne pour moi seule, dans laquelle ni mon père ni mes frères n'auraient mis les pieds sous aucun prétexte. Ma mère elle-même n'y pénétrait que rarement.

Elle entrait seule; j'attendais dans le couloir, le temps qu'elle s'apprête. Quand je la rejoignais, nous restions dans la pénombre. J'allumais seulement la petite veilleuse de chevet. C'était toujours à la fin de l'après-midi. La fenêtre, s'il faisait beau, s'emplissait du soleil déclinant. La chambre baignait dans la teinte rose que filtraient les minces tentures d'andrinople que j'avais cousues moi-même.

Au début, son dos exposé me troublait, comme un objet sacré soudain offert aux regards profanes. Ses épaules craquelées ressemblaient à une terre ravagée par la sécheresse. La maladie campait sur les hauteurs. Elle n'avait pas poussé plus bas. Au-dessous, la peau ressemblait à un vaste désert morne. Les angles des omoplates, le sillon crénelé de la colonne vertébrale avaient disparu sous une surface épaisse soulevée de quelques faibles replis. Les creux de la taille étaient comblés.

Elle ne parlait pas. Elle gémissait doucement.
« Je te fais mal ?
— Non, non, continue. »
Les gémissements sortaient parce qu'elle se laissait aller. Plus d'une fois, elle s'est endormie.

J'ai acheté chez un pharmacien une huile que je passais sur les parties saines.
« J'en ai là aussi ?
— Non. C'est pour prévenir. »
Au bout d'un temps, les mots sont arrivés. Par saccades.

Derya

« Si tu savais ce que j'ai souffert... Souffert... L'enfer... J'ai enduré l'enfer. »

Elle ne parlait que de souffrance. Rien d'autre. D'abord, je pensais qu'il s'agissait de son eczéma. Mais il n'était pas question de cela. Elle parlait d'elle-même, de sa vie. Jusqu'au jour où elle m'a dit : « Je suis morte, Derya. Là, à l'intérieur, tout est mort. »

Et pour me faire voir, elle a basculé sur le côté, son bras et sa main libres en travers de la poitrine, les doigts écartelés. En grimaçant, elle les a fait glisser depuis la gorge jusqu'à la ceinture, en passant entre ses seins versés l'un sur l'autre comme des sacoches à moitié vides. « Au-dessus, c'est du feu, et là, dans le fond, c'est la mort. »

Elle s'est laissée retomber sur le ventre. Que répliquer à cela ? J'ai recommencé à lui masser le dos. J'avais presque peur de lui faire mal. Après un long silence, elle a ajouté : « J'ai la haine, Derya. J'ai la haine. Dieu me punit à cause de ma haine. »

Sa peau s'étirait sous mes doigts. Je la sentais épaisse, résistante comme jamais. Ce n'était pas le suave épiderme des femmes. En dessous, je percevais désormais la douleur dont elle parlait, qui s'était pétrifiée, dont les aspérités la déchiraient, qu'elle aurait voulu arracher à ses entrailles pour la jeter à la face du monde.

Qui aurait pu jamais deviner cela ? Ma mère était la femme la plus banale qu'on puisse imaginer. Il ne lui arrivait jamais rien. Mon père s'était blessé au genou, il avait fait la grève, il avait gagné aux dominos. Mes frères avaient tué un merle, trouvé une grenade rouillée, ils s'étaient fait prendre sans billet dans l'autobus. Mes amies dessinaient des cœurs et écrivaient des compliments dans le carnet de poésie que je lui montrais. Ma mère, elle, n'avait rien.

Elle faisait partie du décor. Est-ce qu'on demande au réfrigérateur s'il a froid ? Son eczéma ? Un peu d'usure, mais toujours bonne pour le service. Une mère comme toutes les mères, pensions-nous, puisque nous n'en avions jamais vu d'autre.

« La haine, pourquoi la haine, maman ? Contre qui ? »

Elle n'a pas répondu.

J'ai posé ma main sur ses cheveux, qu'elle coupait elle-même, dont elle faisait un petit chignon quand elle enlevait son voile. Je voulais les caresser, mais cela la gênait. Elle a secoué la tête.

« Va maintenant. »

J'avais la main sur la poignée de la porte. Elle m'a rappelée.

« Derya !

— Oui, maman ?

— Pourquoi Dieu nous a-t-Il faites femmes ?

— ... Je ne sais pas, maman.

— Ce n'est pas juste. »

Pas juste ? Je ne comprenais pas. À quatorze ans, être une femme, c'est ce que je désirais le plus ardemment. J'en avais assez de l'enfance. Mon corps se transformait. Il sortait de la chrysalide. J'avais hâte que la vie termine le travail, que tout le monde sache bien de quel côté je me trouvais. J'étais impatiente.

Derya

J'allais faire ma place sur le versant de la nature humaine que j'aurais choisi sans hésiter si la nature avait permis que l'on choisisse, le versant ensoleillé où fleurissaient la beauté, la délicatesse, la douceur des sentiments. Je ne voyais que trop bien comment mes frères se ruaient dans l'existence, comment ils l'assaillaient pour y prendre pied. Moi, je voulais me couler dans la vie. Et voilà que ma mère trouvait injuste que Dieu nous ait faites femmes !

J'aurais voulu qu'elle explique. Mais elle était incapable d'expliquer quoi que ce soit. Elle ne cherchait pas à me faire comprendre, à me mettre en garde, à me sauver de l'injustice dont elle avait été victime. Elle constatait. Les femmes étaient vouées au malheur. C'était la loi de Dieu qui a fait le jour et la nuit. Nous étions la nuit. Si la nuit prétend se mêler au jour, le jour la dévore.

Ses épaules n'ont pas guéri. Le mal ne cherchait pas à gagner du terrain. Il s'incrustait, parfaitement indifférent à toutes les pommades que j'essayais contre lui. Ma mère, d'ailleurs, ne comptait pas sur la guérison.

« Ça ne partira jamais, Derya.
— Mais si, on voit déjà un mieux.
— Je n'y crois pas.
— Tes bras et tes mains ont guéri. Pourquoi pas tes épaules ?
— Non, pas mes épaules, je le sais. Mes mains, ce n'est pas pareil. Elles n'ont plus besoin de la maladie. Il me fiche la paix maintenant.
— Qui te fiche la paix ?

— Le vieux.
— Le vieux ? De qui parles-tu ?
— Le vieux, Murat, ton père. Enfin, c'est réglé ! Il n'est plus un homme. C'est pour ça qu'il a acheté un couteau sans doute ! »

Des décharges de rire ont secoué ses épaules.

Quelque temps auparavant, en effet, mon père avait acheté un couteau à cran d'arrêt. Je n'aimais pas ce couteau. À table, il le posait à côté de son assiette. Il faisait gicler la lame. Chaque fois qu'elle claquait, un silence se faisait, tout le monde le regardait et lui, il plantait ses yeux dans les miens, comme si ce claquement n'était que pour moi.

« Dommage qu'il ne l'ait pas eu quand il m'a épousée ! Il aurait pu s'en servir de suite. Ah ça oui ! S'il avait pu avoir un poignard le premier jour et régler cette horreur dès le début ! Mais il était trop lâche. »

Est-ce qu'on imagine l'effet que me faisaient ces paroles ? Mon sang se glaçait dans mes veines. Je me sentais moi-même menacée. Qu'est-ce que ma mère voulait dire ? Elle vidait son sac exactement comme si elle s'adressait au mur, dans le prolongement de son regard vide.

« Tu sais ce que j'ai fait cette nuit-là ? Quand il a eu son compte ? Qu'il s'est endormi comme une brute ? Un homme que je ne connaissais ni de loin ni de près. Je dis un homme, je devrais dire une bête. Et encore. Même une bête aurait pris son temps. Je me suis levée. Il ne s'en est même pas aperçu. J'ai passé un manteau sur ma robe de nuit, j'ai chaussé mes sandales et je suis partie en cheveux, tu imagines ? En cheveux ! J'ai marché, marché, j'avais un point de côté. Ça me perçait, je sanglotais. Je voulais rentrer chez mon père, Altstraße, où on habitait avant qu'on ne rase le quartier.

« J'ai frappé des deux poings à la porte. Ma mère a ouvert. Je voulais me jeter dans ses bras. Mais elle s'est reculée, épouvantée comme si elle venait de voir un revenant. Elle s'est mise à crier après mon père qui était resté dans le salon où ils dormaient tous les deux sur un canapé-lit. Il est arrivé dans la cuisine en pantalon et tricot de corps. Je pensais que lui au moins, il allait, je ne dis pas me serrer contre lui – ça, il ne le faisait plus depuis longtemps, puis, c'est vrai, j'avais des taches de sang sur ma robe de nuit –, mais tout de même, me faire asseoir, me caresser les épaules. Eh bien, j'ai été servie ! Il tournait en rond, il marmonnait, puis il a explosé : "Salope, quelle salope ! Tu nous traînes dans la boue, tu n'es qu'une mule puante, une vache vicieuse, charogne !" Je l'entends encore. Quand il a été à bout d'injures – il ne trouvait plus, il écumait –, il a attrapé sa ceinture de cuir par la boucle, il l'a tirée et alors, pour me caresser les épaules, il m'a caressé les épaules ! Il cognait, il cognait, je te jure ! Son pantalon était tombé en tire-bouchon sur ses genoux.

« Je suis rentrée comme j'étais venue. Mon père avait téléphoné. Murat n'a rien dit. Il aurait pu m'achever. C'est ce qui se fait habituellement. Il a préféré me tuer tous les soirs, à petit feu. »

Loin des mosquées

Mes mains étaient restées en suspens au-dessus du dos de ma mère. Je ne pouvais plus la toucher. Je ne savais plus si les craquelures de sa peau étaient celles de l'eczéma ou celles de la schlague que son père lui avait infligée.

« Les mains, ça pouvait guérir, Derya, avec le temps. La preuve, c'est que c'est arrivé. Mais les épaules attendaient que j'en aie fini avec la bête, pour me rappeler que je restais une femme, jusqu'au bout. »

Après cela, on pense bien si j'ai regardé mon père de la même façon. Je n'avais jamais pris attention à la manière dont il s'adressait à ma mère. On dit que les parents ne peuvent tromper leurs enfants. Je pense, moi, que les yeux des enfants sont aveugles. Pour les ouvrir, il faut des colères, des coups d'éclat, des portes qui claquent. Rien de pareil entre mon père et ma mère. Tout était lisse. Même pas comme s'ils étaient des étrangers l'un pour l'autre. Les étrangers ont entre eux certaines civilités. Ma mère avait raison de parler de mort. Ils étaient morts l'un pour l'autre. Ils couchaient dans le même tombeau.

Avec moi, cependant, mis à part le moment où il ouvrait son couteau, mon père était d'une extrême douceur. Si mes frères me taquinaient, il prenait aussitôt ma défense. Ses yeux s'attendrissaient. Il susurrait : « Notre fleur, notre jasmin, notre tulipe noire. »

Je n'avais pas encore porté le foulard. Notre famille n'avait pour ainsi dire aucune pratique religieuse. Nous faisions le ramadan, à peu près correctement, à cause des voisins et pour le plaisir de faire des extras le soir. J'ai décidé de le porter. Mon père ne me l'a pas demandé. C'était une sorte de protection, non contre l'extérieur, contre lui.

Quand Evren est arrivé, j'avais dix-sept ans. Mon père nous a annoncé que le fils de son frère Gani, notre cousin Evren, passerait quelque temps avec nous pour terminer ses études à l'école de commerce. Mes frères étaient tous en apprentissage. L'école, ce n'était pas leur genre. Enfin quelqu'un d'un peu dégrossi, un garçon de l'autre monde, de l'air frais! J'étais aux anges.

J'ai vite déchanté. Evren ne m'a jamais adressé la parole. Il mangeait à la droite de mon père, lui expliquait ses études, grave comme un juge. Il plaisantait avec mes frères. Avec ma mère, il était l'amabilité même : il la remerciait à tout propos, la félicitait pour les repas, s'inquiétait de savoir si elle n'était pas fatiguée, question qui sûrement étonnait jusqu'aux murs de la maison. Avec moi : rien. Même pas un regard. Comme si je n'existais pas. Et le plus ahurissant, c'est que personne ne semblait s'en apercevoir. Mon père, ma mère, mes frères auraient pu s'étonner à la longue et lui dire : « Evren, tu peux parler à Derya, tu sais, elle ne mord pas ! »

Le problème, c'est qu'Evren me respectait. Evren savait se tenir. Ce n'était pas un de ces Occidentaux effrontés. C'était un brave Turc, un bon musulman, et toute la famille s'en félicitait. Il avait le *respect*.

Depuis que j'étais devenue pleinement femme, en

Loin des mosquées

effet, depuis qu'il suffisait d'un coup d'œil à ma personne pour qu'il ne subsiste aucun doute sur cette matière, le *respect* avait fait son entrée dans la maison. Ce n'était pas un mot utilisé par les vieux comme mon père, c'était un mot tout neuf, un mot de mes frères. Les jeunes Turcs dans notre rue, les Arabes dans les leurs en avaient plein la bouche. Il ne manquait pas de filles pour s'en gargariser. Les musulmans, au moins, avaient le *respect*.

Moi, le *respect* m'embarrassait. Je ne le comprenais pas. Pourquoi cette réserve tout à coup à mon égard ? Pourquoi cette distance ? D'abord j'ai cru que mes frères avaient simplement grandi, que les liens d'affection de l'enfance se distendaient. Mais quand j'ai constaté qu'Evren, qui venait de l'étranger, qui fréquentait une *Hohe Schule*, faisait du *respect* son ordinaire tout autant que les autres, alors l'embarras s'est transformé en une cruelle interrogation. Qu'est-ce qu'ils respectaient à la fin, tous ces vertueux jeunes gens ? Est-ce moi qu'ils respectaient ? Moi, Derya ? Moi à qui Evren s'adressait moins qu'à notre chatte Shéhérazade, à qui il avait demandé pardon un jour qu'il lui avait marché sur la patte ? Non, moi, je comptais pour des prunes. Ce qui comptait, c'était autre chose, la chose dont personne ne parlait jamais, qui avait pris toute la place en moi, qui avait réduit ma personne à la portion congrue : mon SEXE.

Le mot, bien sûr, ils le prononçaient moins que le nom de Dieu Lui-même, ils le vénéraient en secret. Ils l'honoraient, non comme une partie de ma personne, mais comme une divinité qui ne m'appartenait pas, qui n'était qu'en dépôt chez moi, le saint des saints aux hommes seuls réservé, qui échoirait à l'un d'entre eux le jour venu. Ils prétendaient m'empêcher de considérer mon corps tout entier comme mon bien propre, simple, bon, naturel. Ils m'avaient confisqué la part qui les fascinait et ils lui vouaient le culte ignoble sur l'autel duquel mon père avait sacrifié ma mère. Un porte-sexe, voilà ce que j'étais, juste un porte-sexe.

C'est Renoir qui m'a tirée de là.
Au printemps, il y a eu une exposition des impressionnistes au Ludwig Museum. Mme Lefort, notre professeur de français, nous y a emmenés. Je suis tombée devant la *Baigneuse assise*. Une jeune fille comme moi est assise au milieu d'une abondante végétation, nue, sa chair rose parsemée seulement de ses longs cheveux rouges qui flottent comme une crinière sur ses épaules et sur son dos. Ses yeux sont fermés. Elle se sèche, elle offre sa poitrine avec délices au soleil, qui l'illumine.

Je ne pouvais en détacher mes yeux. Mme Lefort s'est approchée de moi.

« Quelle beauté, n'est-ce pas, Derya ?
— Oui, ai-je soufflé.
— Renoir n'a jamais rien peint de triste ou de sombre. Il ne s'intéressait qu'à la beauté. C'est une grande leçon pour nous. C'est ce que nous devrions faire nous aussi. Chercher la beauté partout. Tu comprends ?
— Je crois.

Loin des mosquées

— Partout, même où les hommes ne la voient pas. »

À la sortie, il y avait une photographie du peintre, jeune encore, l'air sévère, le bas du visage dissimulé par une barbe clairsemée. Ses yeux sous des paupières un peu lourdes attiraient le regard. Ils ne cherchaient pas à séduire, comme nos yeux le font si souvent quand nous posons pour une photo. Ils ne demandaient rien pour eux-mêmes. Ils interrogeaient simplement : « Et toi, où est ta beauté ? »

Je pensais sans cesse à ce regard. J'aurais voulu que quelqu'un me regarde de cette façon. À commencer par moi-même.

Il me fallait de la solitude. J'avais besoin de sentir la maison débarrassée du respect qui viciait toutes les pièces. J'attendais chaque jour l'après-midi, car souvent j'étais seule avec ma mère. J'avais acheté une carte postale de la *Baigneuse*, je la contemplais. Et, le jeudi, jour où ma mère sortait pour faire ses courses, je prenais possession de la salle de bains.

Je me baignais tranquillement. Au lieu de m'essuyer et de m'habiller en toute hâte comme je le faisais d'habitude, je m'épongeais lentement, je m'habituais à moi-même. J'examinais ma peau. Je connaissais mieux celle de ma mère que la mienne. La mienne était souple, soyeuse. Au toucher je distinguais les subtiles variétés de sa texture. Quelle différence par exemple entre la peau sur le genou et la peau derrière le genou ! Et quelle sensibilité ! En fermant les yeux, il suffisait de penser à un seul point de mon corps pour qu'il se réveille et se distingue de tous les autres. Je suivais les traces bleutées des veines, je comptais les grains de beauté, je repérais les rougeurs, les défauts. Je ne ressentais pas le moindre trouble. Je me disais : « Regarde, Derya, ouvre les yeux, vois comme tout cela est facile. Il n'y a pas de halo, pas de nimbe. Aucune raison de se prosterner, de s'horrifier, de se voiler la face. Ce n'est que toi, toi-même. »

Un jour, j'ai entendu claquer la porte d'entrée. J'ai reconnu le pas d'Evren. Il portait toujours des richelieus en cuir, qui craquaient. Mon cœur a fait un bond dans ma poitrine, mes mains se sont jetées sur les sous-vêtements que j'avais préparés. Vite, vite, me couvrir !

Mais aussitôt, je me suis ressaisie. Qu'est-ce qui me prenait ? Qu'est-ce que je faisais de mal ? J'ai ramassé ma pince à épiler. J'étais en train de me faire les sourcils devant la glace. J'ai continué en m'efforçant de dominer le tremblement de ma main. Les pas d'Evren ont disparu dans la chambre des garçons.

Cependant, à peine mon cœur s'était-il apaisé, qu'Evren est ressorti. Il était là, à quelques mètres dans le couloir, silencieux, nu-pieds ! Une nouvelle fois, j'ai failli me précipiter sur la clé, m'appuyer contre la porte, pousser un cri. Mais je n'ai rien fait.

Si je m'étais manifestée, Evren aurait battu en retraite en bafouillant des excuses. Et ensuite à table, il aurait rougi, sûr d'avoir attenté, même à distance, à ma pudeur, épouvanté à la pensée d'avoir manqué de violer la chambre au trésor, d'avoir frôlé le sacrilège. Le respect triompherait une fois de plus.

La porte s'est ouverte.

Evren était là, en short et en tee-shirt, dans l'encadrement. Il a fait un mouvement pour se reculer, mais je me suis tournée vers lui, de face. Cela l'a paralysé.

Puis, j'ai commencé à pivoter lentement, j'ai fait un tour complet sur moi-même. Je voulais qu'il voie bien. Voilà qui est la femme. Ce n'est pas une rondelle de visage dans l'œil de bœuf du voile. Ce que je suis, c'est cela, cette chair innocente, inoffensive. Cela, rien d'autre.

« Tu as bien vu ? »

J'observais son regard. Ah, ce n'étaient pas les yeux de Renoir ! C'étaient des prunelles frappées d'effroi, dilatées par la dévoration.

Alors, le cœur définitivement navré, je lui ai dit de partir, de partir vite, de me laisser.

Ce regard, je ne pouvais le supporter.

6

Derya

C'est curieux la façon dont le malheur entre dans la vie. L'instant d'avant, on est à table. Rien n'existe que le clafoutis aux cerises qui vient d'être servi et qui nous a mis l'eau à la bouche. On le dévore des yeux tandis qu'il passe de main en main. Et maintenant, les fruits fondent entre la langue et le palais, nous livrant fidèlement les saveurs de noyau que nous avions prévues. Tout est parfait. Que pourrait-il nous arriver ? Le bord de notre assiette nous sert d'horizon.

Puis le téléphone sonne, là-bas, très loin, dans le corridor où il est relégué, comme un accessoire indésirable au cœur du foyer. C'est sa sonnerie habituelle, tranquille, bien cadencée. Pas de stridence particulière, pas de précipitation. Le malheur n'a pas intérêt à se faire remarquer. D'abord, il doit s'introduire. Il prend un air dégagé.

Ma mère ne réagit pas. Personne ne lui téléphone jamais. Je ne bouge pas non plus. Si une amie veut me parler, celui de mes frères qui décroche me la passe. En général, c'est pour eux qu'on téléphone.

Ils aimeraient avoir des portables, mais mon père l'interdit, comme il a interdit l'ordinateur.

« C'est pour toi, papa. L'oncle Gani.
— Gani ? Qu'est-ce qu'il veut ?
— Je ne sais pas. Rien de grave en tout cas. Il a l'air de très bonne humeur. »

Le père d'Evren ne téléphonait jamais. Lorsque Evren vivait chez nous, sa famille ne l'avait pas appelé une seule fois. À cause du coût des communications internationales sans doute et pour se dire quoi ? Evren était aussi bavard qu'un poisson.

Mon père s'est levé et, la serviette toujours enfoncée dans le col de sa chemise, il s'est dirigé vers le corridor. La porte est restée ouverte. On ne le voyait pas, mais des bribes de conversation nous parvenaient.

« Oui... Non... Ah... D'accord... Bien... »

C'est Gani qui tenait le crachoir. Mon père ponctuait. Quand il a raccroché, il m'a semblé qu'il reposait le combiné brutalement. Ensuite, au lieu de revenir aussitôt achever son dessert préféré, il est resté là, un long moment, invisible, immobile. Une fois que le malheur est dans la place, il peut commencer à se rendre intéressant. C'était bien de lui ce théâtre vide, ce silence, ces minutes de suspense avant l'entrée en scène.

Le visage fermé, mon père a repris sa place, il a repoussé son assiette. Sa main machinalement s'est emparée du cran d'arrêt, il s'est mis à tapoter de la lame. En lui, quelque chose sans doute suggérait qu'on venait d'entrer dans l'ère du couteau. Le tranchant lançait de petites lueurs bleutées.

Derya

Alors il a levé les yeux sur moi et, sans cesser ce martèlement, il a déclaré : « La famille de mon frère demande Derya en mariage pour Evren. »

Les grandes catastrophes, on s'imagine qu'elles s'abattent sur nous comme la foudre, qu'elles nous anéantissent en un instant. Ce n'est pas vrai. Quand elles frappent, d'abord on n'y croit pas, tout simplement. Elles sont impossibles.

J'ai regardé mes frères et ma mère, à gauche, à droite. Ils me fixaient comme un jury d'assises guette les réactions de l'accusé après la sentence. C'est sûr, ils avaient décidé de me jouer un tour à leur façon. Ils gardaient leur sérieux pour faire durer la plaisanterie. C'était à qui céderait le premier, à qui éclaterait, déclencherait l'hilarité générale, après quoi tout le monde s'esclafferait : « Evren ! Ça alors ! Evren ! Elle est bien bonne ! Ce grand benêt d'Evren, épouser Derya ! C'est à se tordre, non ? » Et, en essuyant leurs larmes de rire, ils se rabattraient sur mon père, persévérant encore dans son rôle de juge impassible.

« Qu'est-ce que tu as répondu, papa ? Hein ? Allez, dis-le !

— J'ai dit que notre petite Derya n'était pas à marier.

— Ah ! »

Voilà ce qui aurait dû se passer. Au lieu de cela, personne n'a même ébauché un sourire et mon père a continué : « Les femmes viendront présenter la demande jeudi prochain. »

Alors, moi, je me suis dressée. Mes genoux tremblaient, je me suis appuyée des deux mains sur la table.

« Mais enfin, vous n'y pensez pas, tout de même ! »

Ma propre voix m'a surprise, tellement elle était basse, étranglée, alors que je m'imaginais crier.

« Je ne veux pas me marier avec Evren ! Ni avec Evren, ni avec personne d'autre ! Pas maintenant ! Et... Et l'école ? Je ne vais pas lâcher le *Gymnasium* ! Papa, s'il te plaît ! »

Mon père ne me regardait plus. Sa tête était légèrement inclinée de côté, comme s'il penchait l'oreille afin de s'assurer de la justesse de ton de la lame avec laquelle il continuait à tambouriner. Ma mère, à l'autre bout de la table, après un moment d'hésitation, commençait à débarrasser.

« Maman, je t'en supplie, dis quelque chose ! »

Après ce qu'elle m'avait avoué à propos de son propre mariage, elle allait voler à mon secours. Elle ne permettrait pas qu'on me traite comme elle avait été traitée. Un mariage arrangé, elle savait ce que cela signifiait !

Mais elle a secoué la tête et, d'un ton contrarié, elle a dit : « Assieds-toi, Derya ! » Elle a encore ramassé quelques assiettes. Puis : « Je ne vois pas ce que tu trouves à redire à Evren. C'est un garçon tout à fait comme il faut. Tu as de la chance qu'il te demande. Sinon, Dieu sait sur qui tu pourrais tomber. »

Evren, je l'ai dit plus haut, lui avait toujours témoigné les plus grands égards. Eh bien, il s'était gagné une alliée inattendue.

« Mais je suis beaucoup trop jeune !

Derya

— Tu sais quel âge j'avais quand ton père m'a prise ? Quatorze ans. Ça fait trois en moins que toi. »

Ma mère avait-elle oublié ce qu'avait été son mariage ? Elle qui répétait qu'elle était morte, souhaitait-elle ma mort ? Il y a, paraît-il, des malades qui se vengent de leur sort en contaminant les autres. C'est cela qu'elle voulait ?

Mais je suis injuste. Sûrement, elle ne souhaitait pas mon malheur. Elle pensait qu'Evren ne se comporterait pas envers moi comme mon père avait agi envers elle. Puisque je devais me marier selon nos coutumes – elle était incapable d'imaginer autre chose –, un prétendant qui n'avait pas l'air trop mufle était une chance à saisir.

Quant à mon père, je ne songeais même pas à m'adresser à lui. J'étais bien sûre qu'il allait m'imposer Evren avec les hochements de tête approbatifs des ânes qui me servaient de frères. Il pourrait enfin cesser de jouer avec la lame de son couteau et aller le balancer dans le Rhin, comme il l'avait annoncé un jour, devant Evren justement.

Pourtant, après avoir laissé parler ma mère, dans le silence mortel qui était retombé, alors que, ne sachant plus vers qui me tourner, j'avais fermé les paupières, entraînant du même coup sur mes joues le ruisseau de larmes que je ne pouvais plus retenir, j'ai entendu le claquement sec de la lame qui se refermait et la voix de mon père qui reprenait tranquillement : « Si Derya ne veut pas d'Evren, je ne l'obligerai pas. »

J'ai rouvert les yeux. Mon père me considérait

sans indulgence, tendu comme s'il contenait sa contrariété. Il a répété :

« Je n'obligerai pas Derya à épouser Evren, si elle n'y tient pas.

— Oh, papa ! Merci, merci !

— Je te trouverai un meilleur parti.

— Oui, oui, certainement. »

J'aurais voulu lui sauter au cou, je l'aurais embrassé éperdument s'il n'avait aussitôt jeté sa serviette sur la table et n'était passé dans le salon où il a allumé la télévision. À sa place, j'aurais tout aussi bien embrassé mes frères. Mais, à leur tour, ils se sont levés comme un seul homme. Sans un mot, ils sont partis dans leur chambre. On aurait dit un groupe d'opposants qui n'a pas eu droit à la parole, qui se retire pour se concerter. Ils étaient pour Evren, évidemment. Ils n'approuvaient pas la faiblesse de mon père.

Je ne pouvais pas rester avec ma mère. Je l'ai plantée là. Je suis montée à ma chambre. Je me suis laissée tomber sur mon lit, j'étais brisée comme si on m'avait rouée de coups. Des sentiments violents, semblables à ceux qui s'emparent des petits enfants, m'étreignaient. Je brûlais soudain d'un amour dévorant pour mon père, j'aurais étranglé mes frères avec joie, je chassais la pensée de ma mère loin de moi, de crainte de découvrir la colère que m'inspirait sa trahison. Pourquoi, pourquoi ne m'avait-elle pas défendue ?

Les jours suivants, avant l'entrevue avec la famille d'Evren qu'on n'avait pas annulée – ce genre d'affaire ne se traite pas au téléphone –, je l'ai soignée comme d'habitude. Je l'avais toujours fait sans répugnance, avec compassion. Cela ne me coûtait pas. Au contraire, j'étais fière de moi. Pour la première fois, les squames sur ses épaules m'ont soulevé le cœur. L'amour sans réserve que j'éprouvais pour elle depuis toujours a commencé à m'abandonner. J'essayais en vain de le retenir. Oui, c'est ainsi : l'amour le plus profond au monde, celui de l'enfant pour sa mère, n'est tout compte fait qu'une petite mare qu'un coup de pioche peut vider. Un homme accepte de pardonner à la femme qu'il aime, une femme de pardonner à l'homme : l'enfant ne saurait excuser l'offense que lui inflige sa mère.

Bien sûr, j'ordonnais à mes mains de la traiter comme si de rien n'était. Je m'appliquais davantage que par le passé peut-être. Et de son côté, ma mère se retirait plus loin que jamais dans ses pensées.

La veille de l'entrevue, elle m'a saisi les poignets.

« Accepte, Derya, je t'en prie. Cela vaut mieux. »

Je n'ai pas accepté.

J'ai servi le café sans sucre. Cette délégation parfumée à bon marché, qui versait ses éloges à la louche, ce dadais d'Evren, tête baissée sous le poids de sa convoitise, levant de temps à autre un œil de merlan frit, quelle scène pénible et révoltante !

Le lendemain, ma mère m'a dit que mon père aurait voulu quelques photos de moi. Elle m'a demandé de passer au photomaton en allant au Gymnasium. Mon père, des photos ! Mon âme s'est réchauffée. Papa avait failli perdre sa fille chérie, sa fleur, son jasmin, sa tulipe noire. Il voulait une photo pour son portefeuille, qu'il placerait dans la poche intérieure de sa veste, contre son cœur.

« Qu'il en prenne une tout de suite dans la boîte ! Je vais la choisir. »

Nous avions dans le salon une boîte à biscuits dans laquelle nous gardions nos photos.

« Non, il veut des formats carte d'identité. Et surtout, n'ôte pas ton voile ! »

J'ai fait quelques photos à la gare. Ma mère me les a réclamées avant que j'aie pu les remettre moi-même à mon père, avec un baiser, comme j'en avais l'intention.

« Tu as compris ce qu'il veut en faire, Derya?

— Ce qu'il veut en faire ? »

J'ai rougi. La préférence de mon père m'embarrassait.

« Il ne s'était pas encore rendu compte qu'il avait une fille à marier. Maintenant il a compris. Et il n'en a qu'une seule. Ce sera l'affaire de sa vie, il ne va pas la manquer, crois-moi.

— Qu'est-ce que tu veux dire ?

— Simplement qu'il va tirer un maximum de ton mariage. C'est pour ça qu'il a besoin de photos, pour montrer la marchandise. Joli visage, première fraîcheur, pudique, dans un foulard bien noué, petite musulmane bien docile.

— Maman !

— Quoi, maman ? Ce que tu peux être naïve, Derya ! Pourquoi penses-tu qu'il ait si facilement

accepté que tu refuses Evren ? Par pitié ? Cet homme-là n'a aucune pitié. Tout cela n'est qu'un calcul.
— Un calcul, mais quel calcul ?
— Si tu épousais Evren, tu épousais le fils de ton oncle paternel. Dans ce cas, le marié donne une dot à sa femme et c'est tout, la famille de la mariée peut se brosser, vu que la fille reste dans le même clan. C'est cela que ton père ne veut pas. Il lui faut un mariage en dehors de sa famille pour toucher le *baslik*. Tu vois ce que c'est, le *baslik* ?
— Non, je ne connais rien à vos histoires.
— C'est la somme que la famille du marié verse au père de la mariée – au père, pas à toi – pour le dédommager de sa perte. Le prix de vente, Derya ! Ils nous vendent comme des bêtes de somme.
— Pas ici ! Pas en Allemagne !
— Et pourquoi pas ? Ce sont nos traditions. Nous ne sommes pas Allemands. Nous restons ce que nous sommes. Tu connais une seule fille turque qui ait épousé un Allemand ?
— Non, non. Mais moi, je ne veux épouser personne. Papa l'a bien compris !
— Ah oui ? Quand ton père m'a dit de t'envoyer faire des photos, il n'a pas pu s'empêcher de m'expliquer comment un des hommes avec qui il joue aux dominos venait de marier sa fille. Il l'a donnée à un Turc qui voulait en profiter pour émigrer. Le marié a déboursé 25 000 euros à cet homme. J'aurais voulu que tu voies ses yeux, Derya, quand il a dit 25 000 euros : ils sortaient de leurs orbites ! »

À ce moment-là, j'ai compris que j'étais perdue.

Mon père ne m'aimait pas. C'était une illusion. La vérité, c'est qu'il se félicitait d'avoir une fille agréable, comme ses ancêtres se réjouissaient d'avoir dans l'enclos une cavale fringante qu'ils regardaient caracoler, le cœur plein de joie, mais qu'ils laisseraient partir sous la selle et les étriers du plus offrant. J'étais condamnée. J'étais seule. Je m'attendais que du jour au lendemain un inconnu vienne me passer le mors à la bouche.

Mais le malheur est capricieux, autant, paraît-il, que le bonheur. Brusquement, il a décidé de se payer une petite fantaisie tout à fait inattendue.

Un soir que je rentrais tard du Gymnasium, où nous préparions une pièce de théâtre avec Mme Lefort, j'ai trouvé toute la famille à table déjà et, à ma place, dressée contre mon verre, une enveloppe. C'était une lettre d'Evren, son nom était sur le rabat. Mon cœur s'est serré. Qu'est-ce qu'Evren me voulait encore ? Tous les regards étaient tournés vers moi. J'ai voulu glisser l'enveloppe dans ma poche pour l'ouvrir plus tard, mais mon père m'a arrêtée.

« Qu'est-ce qu'il lui prend, à Evren ? Il n'a pas compris ?

— Je ne sais pas, papa.

— Lis ça tout de suite.

— Mais non, quelle importance ? Je la lirai tout à l'heure. »

J'ai grimacé un sourire désinvolte.

« Je te dis de nous la lire tout de suite, Derya ! Obéis ! »

Derya

J'ai déchiré l'enveloppe. Rapidement, mes yeux ont parcouru les premières lignes. Je m'en doutais : Evren n'avait pas renoncé. C'étaient les propos d'un fou : amour, désir, flamme, insomnie, désespoir. Toutes les extravagances que la passion peut inspirer. Comment aurais-je pu lire cela devant tout le monde ?

« Eh bien, vas-y ! Qu'est-ce que tu attends ? Lis !
— Je ne peux pas, papa. C'est... c'est personnel.
— Personnel ? Depuis quand une fille a-t-elle des choses si personnelles que sa famille ne pourrait les savoir ? »

Il flairait quelque chose. D'un bond, il s'est levé, il m'a arraché le feuillet.

« Donne-moi ça ! »

Il s'est rassis et a commencé à le parcourir en silence. Mais presque aussitôt, il l'a rejeté d'un geste agacé. Déjà il lisait péniblement le turc ; de l'allemand, il n'avait aucune habitude. Il a passé la lettre à l'aîné de mes frères à côté de lui.

« Lis-nous ça, Serif ! Tout haut, que tout le monde entende bien. »

Serif a commencé à déchiffrer laborieusement. En dehors de l'école, il n'avait jamais lu dix lignes. Toutes les déclarations enfiévrées d'Evren, toutes ses plaintes, toutes ses supplications pour que je revienne sur ma décision sortaient de sa bouche par à-coups, comme l'eau d'une canalisation obstruée. L'amour d'Evren crachouillait ridiculement. Ç'aurait même pu être comique si quelqu'un avait eu envie de rire. Mais mes parents et mes frères écoutaient bouche bée, abasourdis, découvrant que, sous une peau de mouton, Evren n'était qu'un bouc. Ils bouillaient d'indignation. S'ils avaient pu le tenir! Heureusement, leur impuissante colère allait bientôt trouver contre qui se décharger. Mon frère arrivait au pire passage.

« Derya, Derya, pourquoi t'es-tu montrée nue à moi ? »

Il s'est arrêté, les sourcils froncés, comme s'il n'était pas sûr d'avoir bien lu. Mon père avait blêmi.

« Reprends ça en turc, s'il te plaît. »

Mon frère a répété en turc : « Derya, Derya, pourquoi t'es-tu montrée nue à moi ? »

Cela semblait encore plus cru. J'ai voulu me lever, courir dans ma chambre, mais mon père a tonné : « Reste là !... Et toi, continue ! »

J'ai enfoui mon visage dans mes mains. Plus qu'aveugle, j'aurais voulu être sourde, mais la suite me parvenait au rythme gargouillant de mon frère.

« Sans cesse, le pays de ton corps divin est devant mes yeux, tes seins comme des collines, le défilé étroit de ta taille, tes hanches comme une vallée qui se creuse vers la sombre embouchure de tes cuisses. Je te revois nuit et jour quand tu t'offrais à moi sans un mot. Comment peux-tu me bannir après t'être donnée ainsi, cruelle ? Je ne saurais souffrir que ton corps adoré soit jamais à un autre. Je ne le supporterai pas, Derya. Je hurlerai ma douleur à la face du monde. Je le prendrai à témoin de l'injure qui m'est faite. Je t'en prie, Derya, prends pitié, reviens sur ta décision. »

Derya

Et cela continuait de cette manière ou à peu près, avec des envolées, des reproches, des plaintes, des promesses absurdes, comme celle de porter des lunettes de soleil afin de ne pas offenser mon regard, jusqu'au cri final : « Je t'aime ! Viens à mon secours ! »

Mon frère a remis la lettre dans l'enveloppe et l'a tendue à mon père.

« C'est bon, Derya, tu peux aller dans ta chambre maintenant », a-t-il murmuré d'une voix blanche.

Je me suis enfuie.

La nuit, quand je me suis réveillée, mon oreiller était trempé. J'étais couchée tout habillée. Les belles idées qui m'avaient amenée à m'examiner sans honte devant la glace de la salle de bains me faisaient maintenant horreur. Je me mordais les doigts, je me griffais les bras. Si j'avais eu le couteau de mon père, je me serais lacéré le corps. Quand le sommeil m'a reprise, j'ai rêvé que j'ôtais enfin mes vêtements pour dormir et que mes épaules m'apparaissaient couvertes des squames de ma mère.

Au matin, ma porte était bloquée. Quelqu'un avait introduit un seau muni d'un couvercle dans la chambre. Je n'ai pas osé appeler. Je me suis occupée à pleurer jusqu'à la fin de la matinée.

Ma mère m'a apporté à manger. Elle a déposé le plateau sur le lit. Peut-être a-t-elle eu pitié parce que c'était l'endroit où elle s'était confiée à moi, où je la consolais. Elle s'est assise. Elle a soupiré.

« Mange !

— Je ne peux pas.

— Pourquoi as-tu fait ça, Derya ? Qu'est-ce qui t'a pris ?

— Je n'ai rien fait, maman, je te le jure.
— J'ai bien entendu : tu t'es donnée à ce serpent.
— Pas du tout! Evren est entré dans la salle de bains. Il ne savait pas que j'y étais. Je n'ai pas eu le temps de réagir.
— Et ensuite?
— Ensuite, rien! Rien du tout! Il est parti. Il ne s'est rien passé. Après, il ne m'en a jamais dit un mot. Et maintenant, il invente n'importe quoi. »

Je mentais. Comment faire autrement? Quand personne de toute façon ne saurait comprendre, mieux vaut le mensonge que la vérité.

«Je t'en supplie, maman, dis-le à papa! Dis-lui de me croire. C'est un malentendu, rien de plus! »

Elle a refermé la porte et replacé la clavette en bois qui immobilisait la poignée.

Le lendemain matin, elle a fait entrer dans la chambre une femme que je ne connaissais pas et m'a laissée avec elle. Une énorme matrone, des épaules en portemanteau, de grosses mains rouges. Elle m'a ordonné de m'étendre, d'écarter les jambes. Elle s'est penchée et m'a fouillée avec les doigts. J'aurais préféré qu'elle m'arrache le cœur, mais j'ai laissé faire.

Le soir, ma mère est venue me chercher. Mon père et mes frères m'attendaient à table. Ou plutôt ce n'était ni mon père ni mes frères. C'était une poignée de mâles, sûrs de leur droit, chargés de faire rentrer dans le rang une femelle rétive. Ils me dévisageaient. Leurs yeux me faisaient le même effet que les doigts de la mégère.

Derya

« Derya, a dit mon père, notre cœur est soulagé que tu sois encore vierge. Cependant un homme t'a vue dans ta nudité. Il menace de le faire savoir à la terre entière. Il ne nous reste qu'une chance pour éviter l'affront. Tu dois l'épouser et ainsi le réduire au silence, même si nous pouvions espérer une meilleure union pour toi. Il y va de notre honneur. Tu as compris ce qu'il te reste à faire ? »

Il a planté ses yeux dans les miens et s'est emparé de son cran d'arrêt. Il ne l'avait pas encore ouvert. La lame a jailli avec son déclic vorace.

7

Yasemin

Quand Evren est sorti – il voulait aider à ranger la salle de noces –, j'ai commencé par me faire du thé. J'ai préparé les feuilles et j'ai mis l'eau à bouillir sur le gaz, puis je suis allée dans le séjour. J'ai ouvert le vaisselier. Sur l'étagère supérieure étaient alignés les trois services que j'avais reçus en cadeau. J'ai glissé l'index le long de la rangée, d'un bout à l'autre, puis je suis revenue jusqu'au service du milieu, le japonais. J'ai sorti une tasse et une soucoupe.

La porcelaine était si fine qu'on pouvait voir au travers. Le décor représentait une passerelle arquée au-dessus d'un miroir d'eau parsemé de nénuphars en fleur. Une dame passe, sous une ombrelle. Elle est presque de l'autre côté, sur le versant qui descend.

Cette dame me plaisait. Moi aussi, je venais de franchir un pont. Je faisais mes premiers pas dans l'autre partie du décor.

Avant de refermer l'armoire, j'ai pensé : « Tout cela est à moi maintenant, rien qu'à moi. » Je me suis retournée vers le salon, la table basse, le canapé, les fauteuils, les tapis, la télévision. Je les ai contemplés en tournant la tête lentement, comme si je les filmais. À moi aussi, tout ce mobilier flambant neuf, à moi qui n'avais jamais possédé quoi que ce soit en propre. Mon cœur se gonflait de joie. J'ai posé la main sur ma poitrine. Dans son étui en cuir, attaché par un cordon à mon cou, je pouvais sentir l'acte de mariage soigneusement plié que nous avions signé la veille, Evren et moi, et sur lequel figurait le montant de la dot qui m'était accordée pour mon seul usage.

Je me suis offert un petit circuit entre les meubles, comme on visite une pièce dans un musée, en prenant garde de ne toucher à rien. Je devais tout découvrir, j'étais entrée ici pour la première fois la veille au soir. Qu'il était beau, ce premier matin dans notre appartement !

J'ai entendu l'eau bouillir.

Au petit déjeuner, j'avais bu du café pour accompagner Evren. Mais maintenant il me fallait un thé à ma façon, préparé dans la double bouilloire, brûlant. Pour l'occasion, je ne le prendrais pas dans un verre, mais dans une tasse japonaise. J'étais seule, enfin.

Selon la tradition, la jeune épousée doit demeurer quelques jours loin des yeux de sa famille. Certains prétendent en outre qu'elle doit rester muette. En même temps que la première gorgée de mon thé, je savourais la sagesse de nos usages. Rien n'aurait pu me satisfaire davantage, après ces jours de fête et cette première nuit avec Evren, que la solitude et le silence. Il fallait que je reprenne possession de moi-même. Il fallait que je me pose dans ce monde inconnu. Il fallait que le tumulte s'apaise et que je ramène mon cœur au pas.

Evren l'a bien senti. Surtout après la visite de sa mère.

Je venais de lui servir son café quand la sonnette a retenti. Il a posé la main sur la mienne.

« Je m'en occupe, reste là s'il te plaît. »

Nous étions dans la cuisine. Il a refermé la porte derrière lui. Sa mère était là, avec une de ses sœurs, Rana, m'a-t-il semblé. Elles chuchotaient, elles le pressaient de questions ; il répondait mollement, ce qui avait le don de les amuser : elles étouffaient des rires. J'ai entendu qu'elles passaient dans la chambre à coucher. Quand elles sont ressorties, Evren protestait, mais elles ne voulaient rien entendre.

« On s'en charge, Evren. Il n'y a rien de plus normal entre femmes, je t'assure.

— Yasemin préférera s'en occuper elle-même, maman !

— Laisse-nous faire ! »

C'était absurde d'entendre parler de moi à travers la porte sans réagir. J'ai ouvert. La mère d'Evren serrait les draps de lit roulés en boule dans ses bras, contre son ventre. Juste au milieu, comme si elle s'était arrangée pour l'exposer, on pouvait voir l'envers de la grosse tache de sang.

« Yasemin, comment te sens-tu, ma chère enfant ? Tu dois être épuisée. J'emporte les draps, ma chérie, je vais les laver moi-même.

— Mais je peux très bien le faire.

— Laisse donc, tu ne vas pas les laver à la main. La machine ne sera livrée que demain. »

C'est elle qui avait proposé une machine à laver pour son cadeau de mariage. Je me doutais qu'il était inutile d'insister.

« Je pourrais vous donner une housse.

— Ce n'est pas nécessaire, je t'assure.

— Maman, tout de même ! » s'est récriée Rana en désignant du menton le tapon de linge. Alors la mère, comme si elle s'en avisait seulement, a prestement rabattu un pan sur le paquet pour faire disparaître la tache.

C'était facile de deviner ce qui allait se passer. Elle et Rana allaient traverser le quartier avec leur butin. Comme l'une ou l'autre voisine les interpellerait pour demander comment elles allaient après toutes ces émotions de la noce, elles entreraient juste une minute. Et là, par la plus pure inadvertance, le paquet se déplierait un instant sur l'auréole rouge avant qu'elles le ressaisissent d'un air confus. Chacun, dans toute la Tannerie, saurait avant midi qu'Evren avait épousé une vierge et qu'il était un homme. Ses parents, ses frères, ses sœurs pourraient marcher le front haut.

Des yeux, j'ai fait signe à Evren de laisser faire. Après tout, quel mal y avait-il à cela ? Près de chez nous, dans les villages des Têtes rouges, après la nuit nuptiale, on arbore le drap comme un drapeau. Je l'ai vu de mes propres yeux. Et puis, la mère et la sœur d'Evren étaient tellement touchantes. Elles

Loin des mosquées

m'ont embrassée. Rana m'a longuement serrée dans ses bras.

« Tu es ma sœur maintenant. »

Dès le premier instant où je l'ai rencontrée, j'ai senti de l'affection pour Rana. Elle aimait vraiment Evren, cela se voyait tout de suite. Tout le monde avait l'habitude de se moquer plus ou moins de lui. Gentiment, mais tout de même, comme si ce n'était pas la peine de le prendre au sérieux. Evren amusait les autres, il attendrissait Rana.

À moi aussi Evren a toujours attendri l'âme.

Chacun se figurait que je ne le connaissais pas. C'était le mariage le plus expéditif qu'on avait jamais vu. Une entrevue, des fiançailles par délégation et deux mois plus tard les noces : quatre jours ; enlevez, c'est pesé ! Il fallait qu'on me juge bien sotte pour penser que je m'étais laissé embarquer si facilement. En fait, j'avais mes raisons, et la plus forte de toutes, c'est que j'ai toujours su qui était Evren. Il n'y a pas besoin d'une longue fréquentation pour savoir qui est un homme. La personne qu'on ne connaît pas en un éclair, on peut s'y frotter cent ans, on ne la connaîtra pas encore.

La première fois que j'ai vu Evren, j'avais dix ans. Sa mère aimait beaucoup mon père. C'était son frère préféré. Ils avaient à peu près le même âge, ils avaient grandi ensemble. Elle venait le voir chaque fois qu'elle rentrait au pays pour les vacances. Elle restait deux jours à la maison et, pour ne pas nous causer d'embarras, elle n'emmenait avec elle qu'un seul enfant. C'est ainsi qu'à son tour, Evren avait passé deux jours chez nous.

Est-ce que je lui avais parlé ? Il avait seize ans. J'étais trop petite sûrement. Je l'observais de loin, en silence, tandis que lui-même, hissé sur une traverse de l'enclos, ne se lassait pas d'admirer nos chevaux. Rien de plus.

C'est le lendemain de son départ que cela m'est arrivé. Je me suis réveillée le matin avec l'impression que j'étais malade. L'année précédente, j'avais eu une forte fièvre qui m'avait mise dans le même état. Un poids pressait si fort sur ma poitrine qu'il me semblait que j'allais traverser ma couche. Je me suis secouée. Mes yeux étaient pleins de larmes. Je me suis redressée sur les coudes. Je n'étais pas malade. J'étais seulement triste à mourir. J'aimais Evren.

Je dis maintenant que j'aimais Evren, mais, à ce moment-là, je n'aurais jamais utilisé ce mot. Autour de moi, j'avais vu des jeunes gens et des jeunes filles qui s'aimaient. Cela voulait dire qu'ils cherchaient à être ensemble, qu'ils fuyaient les autres, qu'ils ne pouvaient s'empêcher de se toucher. Je n'espérais rien de pareil. J'avais dix ans. Tout ce que je savais, c'est que le départ d'Evren et la certitude de ne plus le revoir me plongeaient dans un chagrin si pénible que j'avais cru que j'étais malade.

Qu'est-ce que j'avais bien pu trouver à Evren ? Qu'il était grand, qu'il vivait là-bas en Europe ? Pas du tout. Cela m'effrayait plutôt. Qu'il était beau ? Evren n'est pas beau. Inutile de faire semblant. Je le savais déjà à ce moment. Quoi alors ?

Evren était bon.

Sa mère le bousculait sans arrêt : il ne se rebellait pas. C'est elle qui semblait une enfant difficile, et lui une mère indulgente. On aurait dit quelqu'un qui avait beaucoup vécu, qui comprend les travers des autres et les prend en souriant. Cette patience de vieillard chez un jeune homme était insupportable à tous car, au bout du deuxième jour, mon père lui aussi s'était mis à lui secouer les puces.

Les petites filles de dix ans n'aiment pas pour les mêmes raisons que les jeunes filles. Invisibles dans l'ombre, elles voient des choses que les autres n'aperçoivent plus. Elles n'ont pas d'espoir pour elles-mêmes. Leur chagrin non plus ne saurait être bien long, car elles n'ont pas appris encore à s'apitoyer sur leur pauvre petite mine devant la glace.

J'ai laissé le souvenir d'Evren derrière moi et j'ai continué à grandir.

Cependant, lorsque sa mère est revenue six ans plus tard proposer à mes parents de me présenter à son fils, instantanément, mon amour enfantin a ressurgi.

Trois mois plus tard, je me suis retrouvée chez ses parents. Dans le canapé, je me faisais toute petite face à sa mère, face à lui devenu plus grand encore, robuste, les joues bleuies par le rasoir. Il aurait pu parader devant la petite dinde qu'on lui apportait à rôtir. Sa mère, comme autrefois, l'aiguillonnait. Qu'il explique ses études, son métier, son avenir, tout ce qui pourrait, ma mère et moi, nous tasser plus bas encore dans le canapé.

Mais Evren bafouillait. C'est lui qui était à la torture. Pour finir, il a pris la porte, je ne sais plus sous quel prétexte. Il avait honte de ce procédé. Pourquoi s'y était-il résolu ? Par désespoir, sans doute, parce qu'il était convaincu que jamais aucune femme ne l'aimerait. Les femmes n'ont rien à faire de la bonté. Je me suis juré que, s'il voulait de moi, je lui prouverais le contraire. Il a voulu de moi.

Les fêtes de mariage sont comme un entonnoir. Au début, c'est large, circulaire, il y a du monde partout, la famille, les amis. Tout cela s'agite, tournoie follement, mais en s'enfonçant imperceptiblement vers le goulot. À la fin, tout le monde disparaît et les mariés se retrouvent à leur tour, seuls, dans l'étroit passage.

Je redoutais ce moment. Evren me paraissait si sombre. Pas un instant depuis que j'étais descendue de l'avion, nous n'avions été en tête à tête. La fin de la réception arrivait. Les derniers invités qui faisaient la queue pour venir nous féliciter sont passés. La table des cadeaux débordait. Ma robe était recouverte de présents épinglés. Je devais ressembler à un arbre à papillons un jour de grand soleil.

Après le gâteau, nous sommes sortis discrètement par l'issue de secours. Altan, le frère d'Evren, nous a fait monter à l'arrière de sa jeep. À l'avant, leur mère avait déjà pris place et, dans une autre voiture, leur père, ma mère et mon père avec l'imam.

Nous nous sommes rendus à l'appartement. Les deux mères m'ont fait passer dans la chambre pour me débarrasser des bijoux et des billets sur ma robe. La mère d'Evren a demandé à ma mère si elle m'avait mise au courant.

« Au courant de quoi ?
— Eh bien pour la suite, la nuit…
— Yasemin a toujours vécu à la campagne, nous avons des chevaux, tu le sais bien.
— Ah bon… »

Elle aurait préféré me donner des explications, je crois.

Nous sommes repassées dans le séjour. L'imam était prêt. On a récité la *fatiha*. Evren, Altan et ses parents marmonnaient vaguement. Heureusement mes parents étaient des croyants plus assidus. L'imam a fait un discours. Il a lu quelques passages du Coran et prononcé une bénédiction. Je me souviens qu'un verset disait que Dieu n'a créé qu'un seul être, duquel il a ensuite tiré une épouse. J'ai pensé que j'étais une partie de l'être d'Evren. J'avais été séparée de lui jusqu'à ce jour et maintenant je lui étais rendue. C'est sans doute cela que mon cœur d'enfant avait compris autrefois. Mon âme ne m'appartenait pas, elle avait cru voir partir à jamais celui à qui elle appartenait. Maintenant elle frémissait de joie et de fierté à la pensée de se fondre dans la bonté d'Evren.

Nous avons signé l'acte. Mon père avait préparé une bourse munie d'un cordon pour l'y glisser.

Puis les parents nous ont embrassés. La mère d'Evren a glissé : « Je passerai demain matin ! » Ils sont partis.

Voilà : nous étions dans le goulot. À peine la porte

refermée, j'ai pris les mains d'Evren, je l'ai regardé dans les yeux en lui souriant. Je voulais qu'il comprenne qu'il n'avait pas à craindre que je reste là, la nuque courbée, comme l'agneau à abattre pour la fête du Sacrifice. Je n'étais pas un mouton et je n'avais pas l'intention de transformer Evren en sacrificateur malgré lui. Ma mère avait tout à fait raison : j'avais bien observé les choses à la campagne. Je n'ai jamais vu une jument s'agenouiller devant un étalon.

« Attends-moi quelques instants. »

Je suis passée à la salle de bains, j'ai ôté mes vêtements de noces, je me suis rafraîchie et j'ai mis une robe de nuit blanche. J'ai laissé tomber mes cheveux sur mes épaules, je les ai peignés. Je me suis parfumée avec le Shalimar que ma mère m'avait donné. Puis je suis revenue vers Evren.

Il avait ouvert la fenêtre, il regardait dehors. Il s'est retourné. Dans l'ouverture, la pointe incandescente de la cigarette qu'il venait de jeter s'enfuyait dans l'obscurité. Nous sommes restés un moment comme cela, immobiles, face à face, à distance respectueuse. Dans ses yeux, je ne voyais pas la moindre trace de désir, mais plutôt de l'embarras ou de la crainte.

Je suis allée m'asseoir dans le canapé. Evren a refermé la fenêtre et s'est assis à l'autre bout.

« Tu es vraiment très belle, Yasemin.

— Je te remercie, Evren. C'est pour toi, tu sais.

— Oui... »

Il ressemblait à quelqu'un à qui on a fourré un cadeau incongru entre les mains.

«On ne se connaît pas, Evren.
— Non.
— Tu avais peut-être rêvé d'un autre mariage, enfin d'une autre façon de te marier, je veux dire, avec une fille que tu aurais déjà fréquentée, comme ici en Europe. Tu peux me le dire, tu sais, je trouverais ça normal.
— Je ne sais pas. De toute façon, ce genre de mariage n'était pas pour moi, je pense.
— Je ferai tout ce que je pourrai pour que tu n'aies pas à regretter.
— Bien sûr... Mais toi-même, est-ce que...
— Je voulais que ce soit ainsi. Je n'ai jamais pensé me marier autrement.
— Ah... J'ai mal agi envers toi, Yasemin.
— Mais pourquoi?
— Ce mariage... Je l'ai laissé se faire. Je ne me suis jamais soucié de toi, pardonne-moi. Tu es si jeune, tu quittes tout. Et moi, je suis là comme un spectateur. Je m'en rends compte seulement maintenant. Tu vois, j'étais... je suis dans une période difficile. J'ai la tête pleine de choses. »

Je n'ai pas demandé ce qu'étaient ses ennuis. Je ne voulais pas avoir l'air de fourrer mon nez dans ses affaires. Sûrement il s'agissait de son travail. Puis, après un long silence pendant lequel il semblait chercher au fond de lui-même, il a ajouté :

« De toute façon, nous autres, les Turcs, on est comme des prisonniers. Chacun se croit le gardien de tous les autres. Ici, à l'étranger, on s'imaginerait que c'est facile de s'évader. Facile, peut-être, mais pour aller où ? Chez les gens du lieu ? Comme Altan ? Et finir méprisé par les deux bords ?

— Tout le monde est prisonnier, Evren. Les gens d'ici sont prisonniers aussi, j'en suis sûre. Nous sommes tous dans la main de Dieu. Mais Sa main est large. Assez pour que nous deux nous puissions nous cacher où personne ne nous verra, entre Ses doigts.

— Nous cacher ? Mais, Yasemin, tu sais bien que c'est comme si la famille était restée derrière la porte. J'ai l'impression qu'ils regardent par le trou de la serrure.

— Ils se lasseront. Bientôt ça ne les intéressera plus. En attendant, tu as raison. Ne te fais pas de souci, je sais comment les éloigner. Après, nous serons tranquilles. »

J'ai dit à Evren de me laisser faire. J'avais mon plan depuis longtemps, mais je devais d'abord m'assurer de son état d'esprit. Les hommes en principe n'ont qu'une idée en tête le soir des noces, c'est d'user de leur droit sur-le-champ. Mais en moi-même, je savais qu'Evren voulait tout autre chose et j'avais résolu comment y parvenir.

Dans la salle de bains, j'ai ouvert ma trousse de toilette. J'ai pris mes petits ciseaux pointus et je suis passée dans la chambre. J'ai ouvert le lit, j'ai tendu le bras au-dessus des draps et je me suis fait une petite piqûre à la saignée du coude. Cela ne méritait même pas une grimace de douleur. Le sang a commencé à goutter. Je m'appliquais par de légers mouvements à composer une belle tache, quelque chose de circonstance.

Je souriais au souvenir d'un cousin de mon père, qui tout à coup me revenait à l'esprit. Contrairement aux usages, il était parti en tour de noces sur la côte ionienne le soir même du mariage. Impossible d'attendre le lendemain, pour une question de réservation d'hôtel. À son retour, il avait consciencieusement fait le tour de la famille afin de montrer ses photos de vacances. En tournant les pages de l'album, on le découvrait, lui ou sa femme, assis sur le sable devant la mer, à la terrasse d'un restaurant, ensemble en calèche (le cocher sans doute les avait photographiés tous les deux) ; on voyait des clichés de monuments, de paysages et, comme perdue au milieu de ces témoins du voyage, une vue de la chambre conjugale au milieu de laquelle se remarquait le lit dûment revêtu du rouge sceau virginal.

Une fois le drap marqué de manière irréfutable, j'ai pressé mon pouce sur la blessure. En quelques instants, le sang s'est arrêté. J'ai ouvert la porte et j'ai demandé à Evren de venir.

Il restait sans un mot, il ne comprenait pas.

« Tu n'as pas deviné ce que voulait ta mère quand elle a dit qu'elle viendrait demain matin ? Tu lui montreras ceci. D'accord, Evren ?

— Oui...

— Ce sera notre premier secret. Moi non plus, je ne veux pas faire les choses quand les autres nous ordonnent de les faire. Nous avons le temps, Evren, tout le temps. Mais le moment où nous appartiendrons l'un à l'autre, il ne sera qu'à nous deux, à personne d'autre, tu comprends ? »

Yasemin

Il avait l'air de quelqu'un qui sort du sommeil dans une maison étrangère et qui se demande où il se trouve.

J'ai retiré une autre paire de draps de la lingère.

« Et maintenant je te laisse, Evren. Je vais me coucher sur le canapé du salon. C'est très pratique ce canapé-lit.

— Non, non, Yasemin, c'est moi.

— Ce n'est pas toi, Evren. Je te demande une faveur : j'aimerais que tu dormes ici. Le sang est déjà séché, tu sais. »

8

Yasemin

Pendant les trois jours qui ont suivi le mariage, je n'ai pour ainsi dire pas quitté l'appartement. Evren a repris le travail. Il avait épuisé ses congés pendant la semaine des préparatifs. J'avais à faire pour tout ranger. Une grande partie des cadeaux étaient encore emballés. Ceux qu'Evren avait entreposés ou rangés provisoirement dans les armoires devaient trouver leur place définitive.

La mère d'Evren et Rana sont passées le mardi matin. La mère rapportait les draps séchés au fil à linge de son jardin, soigneusement repassés.

Je leur ai proposé le thé. Inutile de le dire deux fois : elles mouraient d'envie de bavarder. Elles étaient assises en face de moi, sur le canapé, où elles auraient été bien surprises d'apprendre que j'avais dormi seule les deux nuits précédentes. Car, bien sûr, elles se demandaient comment les choses s'étaient passées entre Evren et moi. Une femme peut difficilement écarter ce genre de curiosité en présence d'une épousée toute fraîche, surtout si elle se trouve à l'endroit même où s'est déroulée la grande scène. Il lui semble qu'il en reste quelque chose dans l'air, entre les murs, qu'elle renifle comme on aspire l'horreur, paraît-il, sur les lieux du crime. Elle pense à sa propre nuit de noces, elle se demande comment la nouvelle initiée pour sa part a sauté l'obstacle. Elle scrute son visage, un rien chiffonné, elle le jurerait, des suites de la révélation.

« Repose-toi bien, Yasemin, tu as l'air fatiguée.
— Mais pas du tout.
— C'est normal, tu sais. »

Je voyais l'excitation et la pitié alterner dans leurs yeux, comme le soleil et les nuages dans un ciel de printemps. Cette hésitation m'aurait échappé sans doute s'il était réellement arrivé quelque chose entre Evren et moi. Mais le tour que je leur avais joué me gardait à distance, il me permettait de les observer, de percer leurs pensées. C'était touchant et, en même temps, je l'avoue, passablement amusant.

« Evren, ça va ?
— Oui, bien sûr.
— Il est gentil ?
— Très.
— Bon, il est un peu gauche parfois.
— Je le trouve parfait.
— Ah ! Je le savais, je te l'avais dit, Yasemin : "Plutôt mon corbeau que le rossignol d'autrui !" »

La mère d'Evren était un vrai puits de dictons. Elle les appelait continuellement à la rescousse, comme pour se rassurer sur ses propres idées. Chaque fois qu'elle pouvait constater que ce qui lui venait spontanément à l'esprit s'emboîtait à la sagesse populaire, son visage s'illuminait. Rien n'était plus important pour elle que de se couler dans le moule de la tradition.

Avant le mariage, il est de coutume qu'on désigne un couple ami pour éclairer et soutenir les jeunes époux. Cela ne s'était pas fait pour la simple raison qu'Evren et moi n'avions pas d'amis communs. Je suis sûre que cela contrariait sa mère et que c'est elle qui avait suggéré à Rana de remédier à la chose. Le lendemain, tandis que nous faisions des courses au supermarché, Rana a posé sa main sur mon bras.

« Yasemin, si tu veux, mon mari et moi, nous pourrions être vos *sagdic*.

— Oh, merci, Rana. Pourquoi pas ?

— S'il y a des choses que tu aimerais savoir. Au sujet des purifications pour les femmes, par exemple.

— Merci, je sais ce qu'il en est.

— Et si quoi que ce soit te gêne de la part d'Evren, mon mari pourrait...

— Tout va bien, Rana, je t'assure.

— Je suis sûre qu'il fait de son mieux. C'est un bon garçon. Il a eu pas mal de problèmes, tu sais. Il ne t'a rien dit de particulier ?

— Non.

— Ah...

— Evren me dira quand il voudra tout ce qu'il a sur le cœur. Mais il ne faut rien brusquer. »

Je n'avais pas l'intention de me prêter aux confidences que Rana avait sur le bout de la langue. Ceux qui ont fréquenté quelqu'un avant nous se croient presque toujours obligés de sous-entendre qu'ils sont

Yasemin

au courant de certaines choses que nous ne soupçonnerions jamais. J'avais accepté son offre de parrainage pour ne pas lui faire de peine. Mais je me promettais bien de ne jamais rien lui demander. Personne ne s'occuperait de notre vie. Je n'aime pas cet usage des *sagdic*. Il n'est pas si loin des procédés des Têtes rouges qui nous font tellement horreur. Chez eux, les deux couples sont si proches l'un de l'autre qu'on dit que, pour cimenter leur alliance, ils s'échangent entre eux, qu'ils se baisent sur la bouche et puis se couchent en public, dos à dos, sous la même couverture qui les dissimule de la tête aux pieds.

Ce soir-là, nous avons soupé chez Altan. C'était le souper d'adieux à mes parents. Le reste de la famille était déjà rentré en Turquie. Il n'y avait plus que mon père et ma mère, qui avaient voulu attendre la fin des jours de retraite imposés à la mariée. Altan, qui servait de taxi à tout le monde – il avait une énorme jeep dont il était très fier –, les reconduisait à l'avion le lendemain matin.

Sandra, la femme d'Altan, avait préparé un vrai festin. Elle s'activait aux fourneaux et au service. J'avais passé les jours précédant le mariage en sa compagnie. Elle m'avait traitée avec beaucoup d'affection. Cependant, à cet instant-là, on aurait pu croire qu'elle n'était que la servante de la maison. Elle ne prenait aucune part à la conversation, qui se tenait exclusivement en turc. Les parents d'Evren ne lui accordaient même pas un regard. Moi, j'aurais bien voulu lui parler, mais comment ? Je lui souriais.

En se penchant pour déposer les plats, elle s'arrangeait pour me passer la main dans le dos.

Les deux petites filles portaient la même robe à carreaux, le même ruban dans les cheveux. On aurait dit qu'elles sortaient d'une boîte. J'avais vu, la semaine précédente, comme elles pouvaient être espiègles, mais là, sous l'œil attentif de leurs parents, elles jouaient à la perfection leur rôle d'enfants bien élevées.

C'était une soirée un peu triste. Ma mère ravalait ses larmes. Mon père ne desserrait pas les dents, mais c'était lui le plus accablé sans doute. Il perdait la dernière de la famille. J'étais sa fille préférée, sa complice.

Pour briser la glace, Altan avait tenté de plaisanter Evren. Il prétendait qu'il avait mauvaise mine et, se souvenant sans doute d'une sentence de leur mère, il avait lancé d'un ton égrillard : « Trop d'orge fait crever le cheval. » Ce qui lui avait valu un regard foudroyant de la part de sa mère et, de la mienne, un pudique battement de cils.

J'ai quitté mes parents sans déchirement. Je ne me représentais pas comme eux que c'était pour toujours. J'avais un but à atteindre, séduire Evren, et au-delà, l'avenir n'existait pas.

À l'appartement, je lui ai dit :

« J'adore les petites filles de ton frère. Elles sont délicieuses. J'espère qu'un jour, nous aurons des enfants qui leur ressembleront. Et toi ?

— Oui, sans doute. Je... je n'y ai pas encore pensé.

— Rien ne presse. »

Le lendemain, avec Rana, nous avons fait le tour des magasins de vêtements. Il y avait une grande surface, deux tailleurs pour hommes et une demi-douzaine de boutiques pour dames. Rana a expliqué que j'étais couturière. Je pouvais me charger des retouches ou d'autres travaux aux moindres coûts et dans les moindres délais. Un tailleur m'a remis deux pantalons à ajuster.

Ici les couturières sont devenues introuvables. J'ai fait le travail le jour même à l'appartement, où j'avais installé ma nouvelle Singer près de la fenêtre du séjour. C'était un jeu d'enfant. J'aurais pu couper et monter un costume tout entier ou habiller une femme des chevilles au cou. J'ai reporté moi-même les pantalons.

Rapidement j'ai reçu d'autres commandes. Je commençais à saisir mes premiers mots de français lorsqu'on me donnait les consignes.

Avec la belle saison, les mariages étaient nombreux. J'ai repris la taille d'une robe de mariée, puis on m'en a confié plusieurs autres. Une fois, pour faire un cadeau, j'avais confectionné un petit bouquet pris dans une enveloppe de soie. Il a plu. On m'en a demandé. J'allais au marché aux fleurs du vendredi et je composais quelque chose en harmonie avec la robe.

Evren s'est chargé de toutes les démarches administratives. Pas question pour les immigrés de travailler au noir. C'est le privilège des retoucheuses autochtones.

Loin des mosquées

Ainsi les deux premiers mois se sont passés. L'été arrivait. Nous n'avions pas encore dormi ensemble, mais Evren semblait plus détendu. Il se faisait à ma présence. J'avais demandé à sa mère les plats qu'il aimait. Après le repas, je cousais une partie de la soirée tandis qu'il tapotait sur son ordinateur portable. En même temps, nous bavardions, mais j'évitais de l'accaparer. Souvent ses doigts s'arrêtaient, son regard quittait l'écran, se fixait sur le clavier et il restait de longs moments perdu dans ses pensées.

Parfois, nous regardions la télévision. Nous nous asseyions l'un près de l'autre. Nous nous sommes mis à nous tenir par la main. Un soir, après un épisode particulièrement sentimental d'*Asi* (il regardait ce genre de série pour me faire plaisir), Evren s'est penché vers moi, les yeux aussi chavirés que Murat Yildirim quand il va embrasser Tuba Büyüküstün.

« On est bien, nous deux, Yasemin.

— Oui, c'est vrai.

— Je t'ai mal jugée. Je pensais que j'épousais une petite fille. Maintenant je te découvre. Tu es si sage, si douce. »

Il a fait un mouvement pour s'incliner vers ma bouche, mais je me suis relevée en riant.

« Nous avons encore beaucoup de choses à découvrir, Evren, laissons-en pour demain ! »

J'avais bien réfléchi à ce que je voulais. Pour y arriver, il fallait plus qu'une étincelle dans les yeux d'Evren, il me fallait un incendie.

J'ai encore patienté deux semaines. Puis, un soir

en refermant la machine à coudre, j'ai soupiré d'un air particulièrement las.

« Tu sais ce qui me plairait, Evren ? Nous n'avons pas fait de voyage de noces. Je ne te le reproche pas du tout, ce n'était pas possible. Mais maintenant nous pourrions partir deux ou trois jours, pas trop loin, à la mer, par exemple. J'ai déjà gagné un peu d'argent. On peut se le permettre, tu ne crois pas ? »

On était à la fin du mois de juin. Nous sommes partis en voiture vers la mer. Evren avait pensé à Nieuport. Nous ne connaissions pas le rivage flamand. C'était affreux. Des hôtels hauts comme des buildings barricadaient la côte sans interruption. La plage ressemblait à une autoroute dans une ville sans fin. J'avais besoin de quelque chose d'un peu plus sauvage.

Nous sommes repartis vers la France, en direction de la Côte d'Opale. Exactement ce qui convenait : de l'espace, des villes comme des villages, de grandes étendues de sable et des dunes.

À l'hôtel, naturellement, nous sommes descendus comme mari et femme, en chambre double. Même si cela avait été possible, comment un jeune homme aurait-il pu sans embarras demander des lits jumeaux sous le regard amoureux de sa jeune épouse ?

La réceptionniste nous a accompagnés à l'étage. Elle a ouvert les rideaux. Le grand lit est apparu, carré, solennel, enchâssé dans des panneaux de bois qui lui donnaient un air d'écrin où les corps se poseraient comme des objets précieux. Il occupait presque toute la place, unique meuble, excepté une table minuscule, une chaise de paille, un fauteuil squelettique et une télévision accrochée au mur en contre-haut, exactement dans l'axe entre les deux oreillers, inclinée comme si elle était destinée à enregistrer les opérations.

Evren restait immobile dans l'entrée, la valise à la main, les yeux rivés à l'édredon écarlate. La réceptionniste lui a posé une question. Elle lui demandait sans doute si quelque chose n'allait pas. Evren ne répondait pas. Alors j'ai dit : « C'est très bien, madame », formule que les tailleurs m'adressaient au retour de la marchandise. « Oui, c'est parfait, c'est parfait », a confirmé Evren.

J'ai rangé nos affaires dans le placard, tandis qu'Evren tournait le dos au lit et allumait une cigarette devant la fenêtre. Puis nous sommes sortis. Nous avons marché jusqu'à la plage qui se trouvait à deux pas. La mer était tout au bout, très loin, sous un ciel matelassé de nuages. Nous sommes allés jusqu'au bord. Le vent, les cris des oiseaux, la voix forte des eaux fournissaient autant de prétextes à notre silence. Tous les deux, nous pensions à la nuit que nous allions passer.

Nous avons dîné sans un mot, comme un vrai couple de gens mariés, qui n'ont plus rien à attendre l'un de l'autre.

De retour à la chambre, je me suis préparée dans la salle de bains. Je me suis aspergée avec le Shalimar de ma mère. Je m'étais cousu pour l'occasion une robe de nuit courte, en coton rouge, une chose très simple, avec des manches bouffantes, un col carré.

Yasemin

Je l'ai enfilée et je suis revenue devant Evren. En robe de nuit, il ne m'avait jamais entrevue qu'en blanc. Evren a bien compris le signal que je lui adressais. Chez nous, le rouge était naguère la couleur du mariage. Je ne sais pas s'il connaissait ce détail mais, en tout cas, sur le coup, il est resté interdit.

« Gauche ? Droite ? Quel côté préfères-tu ?
— Le côté ?
— Dans le lit, pour dormir ?
— Ça n'a pas d'importance.
— Alors je prends le gauche, côté cœur ! »

Pendant qu'il passait son pyjama dans la salle de bains, je me suis glissée entre les draps. J'ai lissé ma chemise. J'étais sur le dos, bien droite, les pieds joints, comme un gisant sur la pierre de son tombeau. Il m'a rejointe, il s'est couché dans la même position.

« Ferme la lumière, Evren, s'il te plaît. »

Mon cœur battait si fort dans le noir que j'étais sûre qu'il l'entendait. Au bout d'un moment, il a déplacé son bras vers moi. Sa main s'est posée au hasard. Elle est tombée sur mon aine. Elle a esquissé une caresse. Je laissais faire.

« Tu crois qu'on va s'aimer, Yasemin ?
— Bien sûr, Evren, bien sûr. »

Il s'est versé sur le flanc et s'est rapproché. Je sentais son genou appuyé contre ma cuisse, sa main par-dessus ma chemise se déplaçait vers mon ventre, son souffle se précipitait. J'ai eu peur qu'il ne puisse plus se contenir. Alors j'ai tourné la tête et je lui ai donné un baiser sur la joue, comme on apaise un enfant. Il a voulu m'embrasser sur la bouche, mais j'ai posé mes doigts sur ses lèvres.

«Allons, allons… C'est assez pour ce soir. Dormons maintenant. Nous verrons demain matin. »

J'étais plus morte que vive, mais il n'a pas insisté. Je ne crois pas qu'il ait beaucoup dormi. Il attendait le matin. Cependant, comme je l'espérais, le sommeil l'a pris malgré lui, à l'aurore, à l'heure où souvent il visite les malades, quand l'aube blanchit les tentures, que les oiseaux matinaux font taire les nocturnes et que l'assurance d'un jour nouveau à vivre apaise les effrois de la nuit.

Alors, je me suis levée sans faire de bruit. J'ai laissé ma robe rouge à cru sur ma peau, j'ai seulement passé une ceinture pour la transformer en une robe de vacances tout à fait acceptable. J'ai brossé mes cheveux en arrière, puis j'ai quitté la chambre sur la pointe des pieds, une paire de tennis à la main. Dans le hall, j'ai croisé la fille des petits déjeuners, qui arrivait. Elle m'a demandé quelque chose que je n'ai pas compris. Bien sûr, elle était surprise de voir une jeune femme nu-pieds s'apprêtant à s'éclipser discrètement à six heures du matin. De l'index, je lui ai montré la sortie et, d'un air complice, je lui ai fait signe de se taire. Elle m'a souri.

Il faisait très beau. Quelle chance pour mon projet! La nuit avait lessivé le ciel, le soleil à l'intérieur des terres commençait son ascension rose. L'air déjà tiédissait. Tout était désert. Sur la plage, une silhouette promenait un chien, mais elle s'est bientôt évanouie. Mes narines se remplissaient de l'odeur âcre de la mer, mes oreilles vibraient de sa rumeur. Une joie sauvage me pénétrait.

Dans le ciel, un petit avion a bourdonné, puis est passé au-dessus de moi, filant droit et haut vers le large. Si le pilote m'avait aperçue, il n'avait remarqué qu'une brindille poussée par le vent au sein du vaste paysage. C'est exactement ce que je désirais être à ce moment, un simple élément de la nature, emporté par la même force qui soulevait les vagues, roulait les coquillages, arasait la crête des dunes. Je voulais être petite, indistincte. Ce qui se préparait pour Evren et pour moi ne réclamait que la fin de nos résistances, l'abandon aux puissances de la vie qui désormais grondaient en nous. Tout mon être s'y offrait.

Bientôt, ce que j'attendais est arrivé. J'ai vu apparaître Evren. Il était vêtu d'un jean et de la veste de son pyjama. Il courait. Il regardait partout autour de lui. Il m'a aperçue. J'étais à cinq cents mètres. Il s'est arrêté un instant, a placé la main en visière sur ses yeux et s'est mis à crier : « Yasemin ! Yasemin ! »

Je me suis immobilisée, mais mon cœur de son côté était parti à la galopade. Evren a recommencé à courir. Quelle joie ! Mon sang bouillonnait en moi, mes muscles se bandaient. Je l'ai laissé s'approcher. Puis, quand il s'est trouvé à une centaine de mètres, j'ai éclaté de rire en jetant la tête en arrière comme un cheval qui hennit et je lui ai crié : « Attrape-moi si tu peux ! »

Aussitôt, j'ai tourné bride et je me suis élancée à toutes jambes le long de la mer. Je bondissais. J'avais évidemment un avantage sur Evren, qui était déjà essoufflé. Peu à peu, je creusais la distance. Il ne fallait pas le décourager.

Alors, j'ai obliqué vers les dunes. Là, mes pieds enfonçaient dans le sable, j'ai ralenti. Bientôt, j'ai entendu la respiration précipitée d'Evren dans mon dos. Vite, il fallait que je trouve ce que je cherchais. J'ai repéré un cratère, j'ai grimpé jusqu'au bord et j'ai trébuché avec soulagement.

L'instant d'après, comme je faisais mine de me relever, Evren est tombé sur moi. J'ai tenté de le repousser des pieds et des bras. Je riais, je riais! Il m'a plaquée au sol. Il était à bout de souffle, ruisselant de sueur. Dans la lutte, ma robe s'était ratatinée au-dessus de mes jambes. Il l'a troussée, il a arraché son pantalon. Je serrais les cuisses tant que je pouvais pour exaspérer son sexe.

Brusquement, j'ai cédé et il m'a transpercée d'un seul coup. J'ai poussé un hurlement, je lui ai enfoncé les ongles dans les épaules, puis je me suis laissé porter par son balancement, en le couvrant de baisers.

Après, nous sommes restés très longuement enlacés, reprenant nos esprits, retrouvant la parole, murmurant les mots d'amour que nous n'avions encore jamais osés.

Nous nous sommes redressés et, sans un regard pour le creuset de notre union, nous sommes repartis, toujours enlacés, vers la plage. Quand nous sommes arrivés au bord de l'eau, j'ai ôté mes tennis.

« Attends-moi une minute, Evren, s'il te plaît.
— Mais que fais-tu ? »
Je ne lui ai pas laissé le temps de réagir. Je me suis

Yasemin

avancée rapidement dans l'eau jusqu'au moment où elle m'est arrivée à la taille.

« Yasemin !

— Reste là ! Juste une minute »

J'ai laissé l'eau salée me laver quelques instants, puis je suis revenue tranquillement.

« Ça va ? Je... Je t'ai fait mal ?

— Pas du tout, Evren. Je suis tellement heureuse d'être à toi. »

Je l'ai regardé dans les yeux, au plus profond que je pouvais. Alors j'ai eu la certitude qu'Evren dans sa fougue n'avait pas remarqué que je n'étais pas vierge, et qu'il ne le saurait jamais.

9
René

Le mariage d'Evren m'a jeté le moral par terre. Après coup, j'ai réfléchi que, si j'avais tellement traîné les pieds avant d'accepter l'invitation d'Altan, ce n'était pas tellement parce que j'allais me sentir comme un chien dans un jeu de quilles au milieu de ce mariage turc, mais tout simplement parce que, sans que je me l'avoue, tous les mariages me font le même effet. Turcs ou pas, ils me rappellent que j'ai quarante-neuf ans et que je ne suis pas marié.

Je pourrais prétendre que je m'en fiche. Pas de fil à la patte, libre comme l'air ! C'est ce que j'explique si on me le demande. La plupart du temps, j'arrive d'ailleurs à me convaincre moi-même. Mais, chaque fois que je me laisse attirer à un mariage, au bout de quelques verres, la vérité refait surface : mon souhait le plus cher, ce serait d'être à la place du marié, quitte à sembler aussi godiche qu'Evren, avec son air expectatif de gardien de but, empêtré de sa jeune épouse comme d'un bouquet de fleurs après une victoire impossible du Sporting.

Elle, en revanche, Yasemin, quelle fière allure !

René

Non, «fière» n'est pas le mot, je dirais plutôt «farouche». Comme un animal sauvage, capturé mais indomptable, qui fait honte aux animaux domestiques de mon espèce. Ses pommettes altières, ses joues cuivrées, ses yeux ardents qui m'avaient transpercé quand je l'observais du haut du muret devant ma maison juraient avec les faciès réjouis des invités endimanchés. On l'avait arrachée à une terre lointaine, un pays balayé par le vent sans doute, rude, impitoyable, pour l'exposer dans l'atmosphère confinée de cette salle. Les regards de ceux qui l'approchaient cédaient un à un devant le sien. Personne, c'est sûr, ne la tiendrait jamais en son pouvoir, ni nous ni ce brave Evren.

Altan m'avait averti qu'il s'agissait d'un mariage arrangé. Evren ne connaissait pas Yasemin. Il l'avait fait venir de Turquie pour l'épouser sur-le-champ. Le genre de situation qui nous paraît intolérable, à nous les animaux domestiques. Nous autres, nous attendons l'envol des âmes l'une vers l'autre, l'attirance irrésistible des cœurs, le sentiment, les émois. Il nous faut des avances, des préliminaires, un parcours avec l'indispensable passion en ligne de mire. Et là, tout au bout, quand le brasier est allumé, quand on est sûr qu'on ne veut plus rien à soi tout seul, quand on peut jeter tout notre être brûlant dans la soupière où l'on puisera sa louche de bonheur tous les soirs, on se marie.

Il n'y a pas d'autre procédé civilisé. Les mariages arrangés, ce sont des manières de barbares. Ils font honte à l'humanité. Même Altan s'était cru obligé de désapprouver Evren à demi-mots devant moi.

Ce n'était pas la peine. Ces manières, s'il ne s'agissait que de moi, me conviendraient assez. Je prendrais volontiers une femme que je ne connais pas, en me fiant juste à sa bonne mine, pourvu qu'elle soit d'accord de courir l'aventure. Ça nous épargnerait tous ces tripotages qui ramollissent le cœur un moment, jusqu'au jour où, inévitablement, il reprend son état solide. Ce jour-là, on se réveille tout à coup en se demandant ce qu'on fabrique au sec. On a beau chercher ce qui nous faisait tellement frétiller. Il n'y a plus rien. Ainsi donc on s'est mis le doigt dans l'œil... Et maintenant, qu'est-ce qu'on a encore à faire ensemble puisque l'amour est parti ?

L'amour ! Voilà : le grand mot est lâché ! Pourquoi se marie-t-on ? Par amour ! Ça va de soi. On se soûle de ce sentiment capiteux, qui nous monte à la tête et, une fois qu'on est complètement ivre, on engage sa vie entière. Il n'y a pas à dire, c'est particulièrement bien pensé !

Franchement, ne pourrait-on pas se passer de l'amour, conclure un arrangement sur une base un peu plus sobre ? S'épargner mutuellement la solitude, par exemple, peupler avec des cris d'enfants le silence sépulcral des maisons solitaires le soir, vivre, quoi ! Pas besoin d'exaltation particulière pour cela.

S'il y a bien une chose dont je me suis convaincu, c'est qu'il faut laisser l'amour en dehors des grandes entreprises humaines. On ne peut pas compter sur lui.

René

J'en ai connu des amoureux et des amoureuses! Je les ai bien observés. Je les prenais à l'heure de vérité, *in tempore non suspecto*, comme on dit, quand ils devenaient veufs ou veuves. Qu'est-ce qui restait de la passion qui les avait unis à la vie à la mort? Qu'est-ce que ça leur faisait de voir disparaître l'être auquel un jour ils avaient juré qu'ils ne pourraient survivre? Je puis l'affirmer : rien d'autre que de la résignation le plus souvent, et quelquefois même du soulagement.

Le désespoir qu'on attendrait d'un amour scellé par des serments éternels, je ne l'ai jamais observé. Si, une fois : une vieille avec des lunettes comme des hublots, si épais que je n'avais pas remarqué ses larmes, s'est laissée tomber sous la pluie, les genoux dans la fange de l'excavation et s'est mise à hurler, le cou tendu comme une bête, tandis que je descendais son pépère dans la fosse. Celui-là, j'aurais donné cher pour le remonter. Je n'ai pu relever que la pauvre femme qui collait ses mains boueuses aux manches de mon pardessus.

Mais c'est l'exception, l'anomalie. Des débordements, il y en a toujours, dans les deux sens. J'ai connu une veuve – plus jeune, il est vrai – complètement effondrée quand je suis venu visser le couvercle, le lendemain de la mise en bière. Elle ne pouvait s'arracher au visage basané du défunt claqué sur un court de tennis. Au moment où j'ai rangé la visseuse, elle s'est sentie mal. Je l'ai rattrapée dans mes bras. C'était la nuit. Elle avait attendu le départ de la famille, de tous les visiteurs pour l'ultime tête-à-tête. « Par là, par là... », murmurait-elle afin que je l'éloigne de la scène insupportable, et elle me guidait vers sa chambre. Après un moment à lui tapoter le dos, tandis que ses larmes s'épuisaient dans le col de ma chemise, j'ai senti peu à peu ses membres se raffermir. Avec précaution, elle a dégagé son visage et, le regard reconnaissant, a murmuré : « Vous au moins, vous êtes un homme bon. » Et, sans avertissement, elle a collé sur ma bouche ses lèvres à vif, qu'elle avait mordues de chagrin. Le lit était à côté. J'aurais pu si j'avais voulu. Mais je suis un professionnel.

Je l'ai couchée seule sur son oreiller orphelin. En repassant devant le client, avant de quitter la maison, j'ai donné une petite tape fraternelle au cercueil.

Voilà ce qu'il en est de l'amour. Le tennisman aurait-il pu croire, du temps que sa groupie s'extasiait sur son revers, qu'un jour elle tenterait de le tromper avec son croque-mort ?

On dira que je suis un cynique, qu'à force de fréquenter les cimetières, j'ai du marbre à la place du cœur. Ce n'est pas vrai. Moi aussi j'ai cru à l'amour. C'est même ainsi que je suis devenu croque-mort.

Ça vaut la peine de s'arrêter à la question : comment devient-on croque-mort ? Ce n'est pas le genre de profession auquel on rêve depuis tout petit, comme pompier ou pilote de ligne. Moi, je suis devenu croque-mort par amour. Pas par amour des morts – c'est beaucoup plus tard qu'ils m'ont appris à les aimer –, par amour d'une femme bien vivante.

Sinon, ce que j'aurais voulu être, c'était comé-

René

dien. J'ai suivi les cours, j'ai fait le conservatoire. Comme croque-mort, ça m'a d'ailleurs beaucoup servi. Un bon croque-mort doit être un bon comédien. Il doit se composer la mine de circonstance, adopter la contenance, la voix qui conviennent à la situation. On n'imagine tout de même pas qu'il est funèbre de naissance ! Aurait-il gagné le gros lot le matin des obsèques, il doit conserver cet air solennel, affecté mais digne, compatissant mais retenu, qui confère leur grandeur aux cérémonies les plus modestes. La plupart des employés des pompes funèbres – en particulier ceux des établissements Kerkove, pour ne pas les citer – s'en tiennent au solennel. Même un majordome peut être solennel quand il apporte une timbale de queues d'écrevisses. Les funérailles, c'est du théâtre, mais pas de boulevard. Il faut qu'on sente le destin, la condition humaine, la tragédie. Cela ne s'improvise pas. Cela s'étudie.

Quand je suis sorti du conservatoire, j'ai eu quelques engagements. Des rôles de comparse, second couteau, rival malheureux. Je n'ai pas une tête de jeune premier. Je suis grand et pas plus laid qu'un autre. C'est le regard qui ne va pas. J'ai la paupière un peu lourde, ce qui me donne un genre mélancolique, paraît-il.

Quelques engagements, cela signifie surtout beaucoup d'intermittences. Pendant ce temps-là, je gagnais ma vie avec des petits boulots. Longtemps j'ai été barman à la cafétéria de la piscine de Coronmeuse. C'est là que j'ai connu Christel.

Elle venait s'entraîner deux fois par semaine. Les autres jours, elle nageait ici, à la piscine du Sporting Club, qui n'a pas les dimensions olympiques. Elle était censée faire des études, marketing, commerce ou autre chose dans ce goût-là, comme tout le monde aujourd'hui, mais elle les faisait sans conviction, à cause du sport prétendument, où, en fait, elle s'appliquait à peu près de la même manière. On aurait dit que ce n'était pas elle qui nageait, mais son corps seulement. Elle prenait connaissance de ses chronos comme si c'étaient ceux d'un autre et, quand son entraîneur lui donnait des conseils, on avait l'impression qu'elle l'écoutait pour les transmettre à qui de droit.

Son corps, indépendamment d'elle, était une vraie merveille. C'est par son corps que je l'ai aimée.

Ce serait sans doute plus décent de dire qu'on a aimé une femme pour son âme, par ses yeux, son sourire, à travers lesquels l'esprit est réputé se manifester. Mais moi, j'étais au bar. De là, on a une vue d'ensemble sur le bassin, on ne distingue pas vraiment les visages. D'ailleurs, sous les bonnets, ils se ressemblent tous. En revanche, on peut contempler à l'aise les corps, leurs mouvements, avec le recul adéquat.

Je regardais Christel en maillot noir, je la suivais sur les bords du bassin, je l'admirais sur les plots, j'attendais qu'elle émerge, qu'elle se hisse à l'échelle, ruisselante, souple. Elle s'avançait, indifférente comme une lionne au point d'eau, devant laquelle les autres bêtes s'écartent. Elle était souveraine.

René

Ce n'est qu'ensuite, quand le coach a pris l'habitude de débriefer l'équipe à la cafétéria, que je l'ai vue de près, tandis que je lui versais son Red Bull. Elle avait les cheveux bruns, courts et raides, un visage plein, féminin surtout par sa bouche en cerise et ses longs cils qu'elle abaissait curieusement, en marquant une pause, pendant laquelle ils s'étalaient comme les rémiges au bout d'une aile. Dès qu'elle se mettait à parler, son souffle creusait et dilatait la petite fosse entre ses clavicules. On avait envie d'y mettre le doigt, pour sentir la vibration qui accompagnait sa voix traînante.

Dans son groupe, elle semblait toujours un peu absente. C'est la raison pour laquelle sans doute elle s'était mise à causer avec le barman, un type qui, comme elle, ne s'intéressait pas vraiment à la natation. On s'est plu.

Je l'invitais après mon service. Elle m'attendait une heure ou deux, contente de ne rien faire. Je la reconduisais chez elle, ici, à la rue des Remparts, où j'habite maintenant avec Marcel. Son père était croque-mort.

Je dis bien croque-mort et non entrepreneur des pompes funèbres. C'était un homme de métier, un artisan. Il avait commencé dans la vie comme menuisier. La concurrence des magasins de meubles scandinaves l'avait obligé à réorienter ses activités vers un secteur où il n'y a pas encore de grandes surfaces.

Il fabriquait les cercueils lui-même, dans le style du pays, avec un couvercle en tronc de pyramide, propre à résister à la pression de la pleine terre, bien qu'on n'enterrât plus personne de cette manière. La mère de Christel n'avait pas supporté cette nouvelle carrière. Elle s'était mis en tête que son mari sentait bizarre. Elle avait pris le large avec le fleuriste naturellement parfumé qui livrait les gerbes et les couronnes.

Christel, qui avait alors quatorze ans, ne pouvait de toute façon pas suivre sa mère, à cause de son club de natation, Le Dauphin, attaché au Sporting, qui à l'époque fondait de grands espoirs sur elle. Et Marcel, son frère aîné, ne comprenait pas ce qui arrivait. Marcel a eu un problème à la naissance, une histoire d'oxygénation. Dans sa tête, il y a de la place juste pour une intelligence d'enfant. Tout le reste est occupé par les sentiments. À qui lui manifeste un peu de l'affection, il s'attache pour toujours. Sa mère le rabrouait, son père le consolait. Il est resté.

Le père de Christel avait le cœur sur la main. Tout de suite, il m'avait pris à la bonne. Il m'avait demandé de l'aider à l'occasion comme porteur. Il me payait mieux que le gérant de la piscine. Au premier essai, il avait admiré comment j'endossais instinctivement mon rôle. Il avait senti le parti qu'il pouvait tirer de mes talents de comédien. À l'église, il avait bientôt pris ma place de porteur et m'avait cédé la sienne, de maître de cérémonie.

Je remontais la nef devant le cercueil, lentement, fredonnant mentalement la *Marche funèbre* de Chopin pour me donner le tempo, le front haut, la lèvre agitée tous les cinq pas d'une contraction spasmodique. Ma paupière lourde faisait merveille. J'assignais leur place aux membres de la famille, je prenais délicatement la main des veuves ou le coude des veufs, j'ordonnais à l'assemblée de se lever, de s'asseoir, je réglais le flux des fidèles venus baiser la patène, j'adressais des signes au prêtre lui-même, laissant croire à tous que c'était moi qui lui donnais la parole.

Je retrouvais l'ivresse des planches. Elle m'entraînait à accepter de plus en plus souvent les sollicitations du père de Christel, lesquelles, par ailleurs, me contraignaient opportunément à loger chez elle. Je dormais dans la chambre voisine, que je quittais chaque nuit pour presser contre moi son corps sans maillot.

Ah, mon Dieu, quelle fièvre nous dévorait! Mais aussi quelle erreur impardonnable de ma part! Qu'est-ce qu'une femme peut encore attendre d'un homme quand elle a déjà fait cent fois l'amour avec lui? Souvent, en regagnant ma chambre, laissant derrière sa porte Christel endormie, j'ai pressenti ce gâchis, comme si chacune de mes visites, au lieu de fortifier notre amour, le rognait peu à peu. Lorsque les plaisirs de la chair sont épuisés, il ne reste que les vraies décisions. Et maintenant, que fait-on? Comment va-t-on vivre? Dans quel but? On a mangé son pain blanc le premier, au lieu de le garder pour la route.

La vie que j'aurais voulue, je ne l'avais jamais expliquée à Christel. Sans doute n'était-elle pas claire pour moi-même. C'est son père qui en a décidé à ma place, un dimanche que nous étions à table. Il avait un peu forcé sur le bourgogne. Il nous considérait Christel, Marcel et moi, renversé sur son dossier, le ventre déboutonné, l'œil humide. Il s'est redressé, a attrapé la petite cuiller et a fait tinter son verre.

« Mes enfants, mes chers enfants...

— Papa, je t'en prie! a coupé Christel qui voyait bien qu'il prenait son ticket pour le ridicule.

— Christel, laisse-moi pour une fois! Mes chers enfants, aujourd'hui, je suis heureux. René, tu es un garçon de première. Je t'aime comme mon fils.

— Papa!

— J'ai bien le droit de dire ce que je pense quand même, Christel! D'ailleurs, René sera mon fils. Vous allez bien vous marier, non? »

Sur ce point, elle ne l'a pas repris, mais au lieu de m'adresser le signe de connivence qui m'aurait indiqué son consentement, ses yeux se sont réfugiés dans son assiette. Marcel fronçait les sourcils, ce qui indiquait chez lui un gros effort de concentration.

« René, tu reprendras mon affaire. Elle marche bien et, avec toi, elle marchera encore mieux. Christel sera ton bras droit.

— Mais je ne sais pas si...

— Tatata! Il n'y a pas de sot métier, René! Laisse les imbéciles penser ce qu'ils veulent. Ce n'est d'ailleurs pas un métier que nous exerçons, c'est une mission. Et ça, tu l'as bien compris. Tu es un type intelligent et surtout un homme de cœur. Oui, un homme de cœur qui s'occupera de Marcel aussi. Tu ne saurais croire quel soulagement cela représente pour moi. Marcel t'aime autant que je t'aime, hein, Marcel ? »

Sans doute Marcel n'avait-il jamais pensé qu'il m'aimait, mais, à partir de cet instant, il m'a mis dans le petit nombre des gens à qui il voue son amour de chien recueilli. Inversement, c'est à partir de ce moment que l'amour de Christel a commencé à refluer.

Elle m'ouvrait encore ses draps la nuit, ce qui montre assez la confiance qu'il faut accorder au corps au regard des sentiments eux-mêmes. Puis, un jour, alors que je devais assurer des funérailles le lendemain matin, elle est repartie à la piscine olympique avec le coach et les autres nageuses, sans s'occuper de moi. De la sorte, pour la première fois, j'ai passé la nuit, non plus chez elle, mais chez son père. Mon travail de croque-mort était devenu la seule raison de ma présence.

Du reste, le père ne pouvait plus se passer de moi. Il était malade. Je pense qu'il le savait déjà quand il nous avait servi son discours à l'eau de rose. Le mal l'a eu en deux ans. Largement le temps pour lui de se fabriquer son propre cercueil, sur mesure, en mélèze, parce qu'il ne supportait plus le tanin du chêne, un effet, semble-t-il, de la chimiothérapie.

Après, Christel a disparu. Elle m'a dit que, pas plus que sa mère, elle n'avait jamais supporté ce métier macabre. Elle ne l'avait jamais avoué, à cause de son père, pour ne pas s'acharner. Je l'avais aidée à oublier un moment cette ambiance de cimetière. Elle m'en serait toujours reconnaissante. Mais maintenant elle devait vivre sa vie, loin de tout cela.

Elle est partie avec le coach et les économies de son père. La maison est restée à Marcel. Un moment je suis devenu son employé, jusqu'à ce que j'aie gagné suffisamment pour racheter la moitié de l'affaire. Même si elle reste modeste, je l'ai améliorée. Naturellement, on ne fabrique plus. L'atelier de menuiserie, je l'ai transformé en un petit salon funéraire, pour une personne. Pas besoin d'une grande entreprise pour gagner confortablement sa vie dans ce secteur.

Je ne sais pas ce qu'est devenue Christel. Jamais revue. J'ai eu du mal à encaisser. Puis j'ai décidé que je m'en fichais, que je ne l'aimais plus.

Pour ce qu'elle me procurait après tout, je me trouve presque chaque année une femme, quand je prends mes vacances en Forêt-Noire. C'est l'endroit que je préfère. Pas trop de touristes, les pins, le bon air. Excellent pour le jogging, j'en fais tous les jours. À ces femmes, je ne dis pas mon vrai métier. Je ne voyage pas en corbillard, cela va de soi. J'ai une BMW Cabrio. Ça aide. J'ai changé bien des fois de profession. Depuis quelques années, j'ai un faible pour notaire : ça fait cossu, rassurant. Celles que je préfère, ce sont les Flamandes. On reste entre compatriotes. J'aime leur façon de parler. Le flamand est une langue vigoureuse, dans laquelle on ne peut pas minauder. Le mari est retenu par le business à Anvers ou à Gand. On ne dira jamais assez les bienfaits de la prospérité flamande pour nous autres Wallons.

René

Je préfère quand elles ont des enfants. Je deviens pour quelque temps le grand ami de Lotje ou de Pietje. Je les emmène en balade. Je rêve qu'ils sont à moi, que j'ai une famille, une femme fidèle qui tient la maison, les comptes, qui pourrait même m'épauler en ouvrant au rez-de-chaussée un petit commerce de fleurs.

Au retour, je me retrouve avec Marcel. Il cuisine très bien – il a suivi un stage de l'assistance publique –, mais toujours les mêmes plats, un pour chaque jour de la semaine.

Le lendemain du mariage d'Evren, heureusement, on m'a appelé pour un décès l'après-midi. J'ai un peu oublié les pensées cafardeuses qui m'étaient tombées dessus au réveil. L'enterrement a eu lieu le jeudi. Au sortir de l'église, vers onze heures et demie, après avoir enfourné la bière dans la Cadillac, j'ai aperçu Yasemin de l'autre côté de la place.

Elle était en compagnie d'une sœur d'Evren. Elles allaient entrer chez Mode de Paris. En un éclair, je l'ai imaginée blottie la nuit dans les bras de ce benêt d'Evren qui ne méritait certainement pas plus une épouse que moi. À ce moment, j'en suis sûr, elle m'a regardé, de son regard fier et sauvage, comme si elle savait exactement qui je suis et ce que je pense quand je ne suis pas croque-mort.

Alors, en prenant place au volant, la bouche pleine d'amertume, je me suis juré que jamais plus je n'assisterais à aucun mariage.

10

René

Au début du mois de juillet, j'ai trouvé un message d'Altan dans la boîte vocale de mon portable. Il me demandait de venir le plus vite possible chez lui. C'était un lundi, il était deux heures. Que faisait-il chez lui en plein après-midi ? Il y avait quelque chose de pas du tout normal dans sa voix.

Mon numéro de GSM ne figure pas dans les pages blanches de l'annuaire, seulement dans les jaunes, à la rubrique « Pompes funèbres », au bas de mon annonce publicitaire. La messagerie du téléphone invite le correspondant à laisser son nom et l'adresse précise où repose le défunt. Je promets de me rendre sur place dans les plus brefs délais.

En principe, je n'éteins jamais mon téléphone. Il y a plus de gens qu'on ne croit qui répugnent à répondre à un enregistreur. Ils ont vite fait de raccrocher et de s'adresser aux Établissements Kerkove dont l'annonce est voisine de la mienne, mais quatre fois plus grande, illustrée du fameux cyprès qui leur sert d'emblème, d'une gamme de cercueils capitonnés et d'un corbillard carrossé en plexiglas. Au premier coup d'œil, cette somptuosité les effraie mais, tout compte fait, c'est peut-être le prix à payer pour s'adresser à une voix réelle. Il leur serait encore possible d'appeler mon fixe, en plus petits caractères sous le numéro du portable. En mon absence, Marcel prend les communications – sauf s'il est ventousé à son magnétoscope –, mais il n'est pas beaucoup plus loquace que le répondeur automatique. Il est arrivé qu'on lui raccroche au nez.

Donc, même si je suis occupé à toiletter un client, je laisse toujours mon téléphone en veille. Il n'y a guère qu'à l'église que je l'éteins et, par délicatesse, quand je visite les vieux de la maison de retraite. Précisément, j'en sortais lorsque j'ai pris le message d'Altan.

Maintenant que j'ai dit que je rends visite aux vieux, il vaut mieux que j'explique en deux mots avant de continuer, sinon on va s'imaginer n'importe quoi.

Forcément le potentiel de clients est plus élevé dans une maison de retraite que dans une maternité. À la fin du séjour, ce sont les familles qui décident de l'établissement de pompes funèbres à contacter, sauf si le défunt a laissé des instructions. S'il n'y en a pas, la directrice peut encore conseiller. Je suis au mieux avec celle du Soir paisible. Jamais cependant elle n'accepterait une commission. Après chaque affaire, je verse un don aux Amis du Soir paisible, une association charitable qui investit dans son entreprise tout en contournant benoîtement le fisc.

Loin des mosquées

Comme je viens régulièrement, les pensionnaires me connaissent. Dans les premiers temps, je me demandais quelle contenance adopter avec eux. Je craignais de passer pour une sorte d'huissier sinistre, faisant son apparition dans l'antichambre de la mort où ils savent bien qu'ils se trouvent, pour convoquer le suivant. J'ai vite compris qu'ils étaient surtout soulagés de constater que j'étais venu pour un autre. Un de plus auquel ils avaient damé le pion. Comme ils me souriaient, j'ai résolu de me montrer aimable, jovial. À ceux qui m'accrochaient dans le hall, près du restaurant – la petite morgue se trouve à l'arrière des cuisines –, je donnais les dernières nouvelles du disparu : il n'avait pas souffert ; parti dans son sommeil sans doute, sans s'en apercevoir, visage paisible, souriant aux anges. Inconsciemment, ils m'attribuaient ces heureuses dispositions. Les femmes posaient leurs vieilles mains desséchées sur mon bras.

« Très bien, très bien, René ! »

Et en me quittant, avec un sourire malicieux, elles ajoutaient : « Malgré tout, je ne vous dis pas à bientôt ! » À quoi invariablement, je réponds : « Oh, vous, vous nous enterrerez tous ! »

Peu à peu, je suis devenu l'ami des plus persistants. Entre deux passages pour mes activités, je leur rends visite. Certains n'en reçoivent que rarement, quelques-uns jamais. Je prétexte des documents que j'avais à remplir avec la secrétaire. La paperasse ! La paperasse ! De cette façon, eux qui sont fatigués d'être plaints en permanence par un personnel qui se croit obligé de bêtifier peuvent plaindre quelqu'un à leur tour. Rien de tel pour les requinquer.

Je n'évoque jamais les relations professionnelles que nous pourrions avoir un jour. Kerkove, paraît-il, propose des contrats en collaboration avec une société d'assurances. Bien sûr, il ne démarche pas en personne, il envoie des courriers. Vous payez tant par mois à l'aide de l'ordre bancaire ci-joint et, le jour venu, tous les frais sont couverts pour la catégorie de funérailles que vous choisissez.

Moi, je ne spécule pas sur la mort. Je la respecte trop pour cela.

Cependant, il n'est pas rare qu'un pensionnaire aborde la question de son propre chef.

« René, j'aimerais que ce soit toi qui t'occupes de moi quand ce sera le moment.

— Allons, allons, y a pas le feu !

— D'accord, mais je préfère régler cela tout de suite. Avec toi, je serai en confiance. Je n'ai pas envie de me retrouver entre les pattes de n'importe qui.

— Vous pouvez compter sur moi.

— Je le sais, René, tu aimes les gens, toi. »

On me répète souvent que j'aime les gens, que je suis un type sensible, que je suis une bonne pâte. Toujours l'effet de ma paupière lourde : elle s'abaisse en abat-jour sur mon regard, on a envie de se mettre en dessous, de se laisser aller aux confidences. Bien à l'abri, on peut avouer que ce n'est pas vrai qu'on se fiche pas mal de ce qu'il adviendra de notre corps quand on sera passé. On pense souvent à lui, même si ce faux-jeton est occupé à nous trahir, même s'il va nous laisser en plan à la première occasion. Plus il décline, plus on le regarde comme un autre dont il faut bien s'occuper. On a quand même vécu ensemble. Ça crée des obligations.

Finalement, même si on a du mal à croire à l'âme immortelle, c'est comme si on y croyait malgré tout. On se figure l'instant après le dernier soupir, on se retrouve quelque part en l'air, pas très loin, retenu par le plafond comme un ballon rouge dont on a lâché la ficelle, et on observe ce que les vivants vont faire de notre carapace.

« Je ne veux pas qu'on m'enlève mon dentier, hein René !

— J'y veillerai. »

D'autres prient qu'on leur laisse leur alliance, la bague de fiançailles convoitée par leur belle-fille, la peluche d'un enfant perdu ; ils me demandent au creux de l'oreille que je glisse au dernier moment entre leurs mains la photo ternie d'une jeune fille, d'un jeune homme, qu'ils me confient, et qui ne représente personne de la famille. Quelqu'un m'a supplié de ne pas tirer à fond la fermeture Éclair du sac en plastique, comme s'il craignait d'étouffer. Beaucoup insistent pour que je vérifie qu'ils seront bien trépassés.

« Tu m'enfonceras une aiguille quelque part, hein, René. N'aie pas peur surtout ! Vas-y à fond ! »

Ou que je leur laisse leur portable, au cas où...

Est-ce si risible ? J'ai lu chez Rilke que son père avait exigé que deux médecins séparément lui perforent le cœur avant de l'inhumer.

René

La mort n'est jamais vraiment la mort. On n'arrive pas à y croire. Tant qu'à étaler ma maigre culture, quelle sentence surpassera celle du regretté La Rochefoucauld : « Le soleil ni la mort ne se peuvent regarder fixement » ?

Moi, pas plus que personne, je ne regarde la mort en face. Je la lorgne du coin de l'œil, de biais, en coulisse. Je plaisante, je veux la prendre à la légère mais, à chaque appel sur mon portable, je suis comme un parachutiste quand on ouvre la porte, le cœur battant devant le gouffre auquel on ne se fait jamais. Et lorsqu'on connaît celui qui appelle, c'est bien pire encore.

Je suis donc parti chez Altan, l'estomac noué. J'ai tout de suite pensé à Sandra, vu sans doute ma conviction secrète que les Turcs ne meurent pas hors de leurs frontières. Avec son indolence habituelle, je l'imaginais sans peine sous les roues d'un chauffard, en travers d'un passage pour piétons.

Avant de passer chez les vieux, j'avais livré des couronnes avec la Cadillac. Je l'ai rangée devant la maison. C'est Sandra qui m'a ouvert, bien vivante par conséquent, mais pas dans son état ordinaire. Elle a d'abord entrebâillé la porte de quelques centimètres, comme si elle redoutait une visite indésirable. Puis, quand j'ai été à l'intérieur, elle a refermé à clé et m'a fait passer à la cuisine en claquant des babouches.

« J'appelle Altan. »

Sans autre explication, elle est ressortie et a crié dans l'escalier : « Altani, c'est René ! »

Il est descendu, dans sa salopette blanche de plâtrier, les bras et les mains encore couverts de traces de mortier.

« Ah, René, René, mon ami ! Merci d'être venu. Ne reste pas comme ça. Assieds-toi. »

Il a sorti deux canettes de Jupiler du frigo et s'est installé en face de moi, sans lever la tête. Il ne se décidait pas à me regarder franchement. Il a repris d'une voix curieusement flûtée.

« René, je suis désolé de te déranger. Je suis dans un drôle de pétrin. Je ne savais pas à qui m'adresser. Je peux t'expliquer ?

— Quelqu'un est mort ?

— Mort ? Non, non. Pourquoi veux-tu que quelqu'un soit mort ?

— Je ne te rappelle pas ma profession. En général, quand on me téléphone...

— Non, personne n'est mort. Ne parle pas de malheur !

— Tant mieux. Bon, alors, qu'est-ce qui se passe ?

— Voilà. Je te dis tout de suite qu'il ne s'agit pas de moi directement. Il s'agit de mon frère, Evren. Enfin, pas vraiment de lui non plus... C'est une affaire de femme.

— Il est arrivé quelque chose à sa femme ?

— Non, non. Il n'est pas question de Yasemin. C'est à propos d'une autre femme... »

À la façon dont il entortillait son entrée en matière, j'ai cru comprendre sur quel terrain on s'engageait.

Evren et une autre femme ! Cet ahuri aurait-il déjà donné un coup de canif dans le contrat ? C'est peu dire que j'étais soufflé ! Le visage de Yasemin m'a traversé l'esprit. Je l'avais revue régulièrement en ville, où j'avais appris qu'elle travaillait pour les magasins de vêtements. Elle me reconnaissait, j'en suis sûr ; chaque fois, elle me décochait une fléchette de son regard farouche. Ah, le salaud !

« Avant d'épouser Yasemin, Evren a connu une autre femme. Il voulait épouser la fille de mon oncle Murat, le frère de mon père, qui vit en Allemagne. Il a fait son stage là-bas pour terminer ses études et il est tombé amoureux de cette fille, notre cousine Derya. Quand il est rentré, il a adressé sa demande, mais Derya n'a pas voulu de lui. Alors il a fait venir Yasemin. Tu me suis ?

— Oui, oui.

— L'ennui, c'est que la famille de mon oncle Murat a appris par la suite qu'il s'était passé quelque chose entre Derya et Evren, quand il habitait chez eux pour son stage. Pas besoin de te faire un dessin... Elle ne l'avait pas avoué. Du coup, c'est devenu une affaire d'honneur. Derya s'est compromise.

— Et elle avait refusé d'épouser Evren après ce qui s'était passé entre eux ?

— Oui. Elle voulait vivre comme les jeunes d'aujourd'hui, à l'occidentale, je suppose. Mais chez nous ce n'est pas possible. Ils l'ont enfermée.

— Enfermée ?

— Séquestrée dans sa chambre. Je sais, ça te paraît

à peine croyable, mais il y a des tas de filles musulmanes à qui ça arrive.

J'étais abasourdi ! Evren en séducteur, il fallait se pincer pour le croire ! Décidément, les gens ne sont jamais ce qu'on imagine. Et cette fille cloîtrée dans sa chambre !

« D'accord, mais ta cousine, alors, elle est toujours bouclée ?

— Non. Elle l'était. Elle vient de s'échapper.
— Ouf !
— Elle est même ici.
— Dans la maison ?
— Oui, en haut, dans une chambre. Elle vient d'arriver. Je la cache. Mais je ne peux pas la garder. Ses frères sont à sa poursuite. Ils peuvent débarquer d'un moment à l'autre et ces types-là, René, ils sont capables de tout. Des islamistes, si tu vois. Il ne faut absolument pas qu'elle retombe entre leurs mains. Je ne sais pas très bien ce que nous allons faire. Peut-être contacter l'oncle Murat, essayer de le ramener à la raison. Mais je n'y crois pas beaucoup. Le mieux c'est d'éloigner Derya le plus possible, de tâcher de lui trouver un contact en Turquie, dans une grande ville, à Istanbul de préférence, où elle pourra se perdre dans l'anonymat. Mais en attendant, il faut gagner du temps et la protéger. Je n'irai pas par quatre chemins, René. Est-ce que tu peux la cacher quelques jours chez toi ? Ils ne penseront jamais à la chercher chez un étranger, et surtout pas chez... tu comprends ?

— Un croque-mort ?

René

— Ben oui. Ne le prends pas mal, mais tu sais que les pompes funèbres, ça fait toujours un peu peur.

— Ah ben, tiens, les anges exterminateurs auraient la pétoche ?

— Ce sont des fanatiques religieux, ne rigole pas, je t'assure qu'il faut s'en méfier. Alors, qu'est-ce que tu en dis ? Tu prendrais Derya quelques jours ?

— Bon... Parce que c'est toi. »

Il a étendu le bras par-dessus la table et il m'a attrapé la main. J'ai senti qu'il tremblait légèrement, mais peut-être seulement parce qu'il serrait très fort. Il s'est levé, a ouvert la porte.

« Sandra, vous pouvez venir ! »

Comme je m'y attendais, Sandra et cette jeune fille, Derya, sont entrées mais, en plus, il y avait Yasemin. Ce qu'elle faisait là, en compagnie de Derya, je ne l'ai compris que par la suite, quand Derya m'a expliqué qu'en débarquant d'Allemagne elle était d'abord allée chez Evren. C'est Yasemin qui l'avait amenée auprès d'Altan.

Derya était vêtue d'un jean et d'un blouson gris bon marché. Ses cheveux noirs partageaient son front, ils couvraient ses tempes où disparaissait la ligne droite et épaisse de ses sourcils. Ils tombaient en mèches éparses, comme des flammes dans son cou. Elle n'avait pas du tout l'air d'une Turque. On aurait pu facilement la prendre pour une Espagnole, par exemple. Si ses joues n'avaient pas été amaigries, elle aurait été beaucoup plus jolie que Yasemin qui, de son côté, montrait une petite figure contractée par l'inquiétude. Mais elles avaient mieux à faire, l'une et l'autre, à ce moment-là, que de se préoccuper de leur apparence.

Altan lui parlait en turc. Elle gardait les yeux baissés, elle hochait la tête. Sandra, à côté d'elle, l'avait prise par les épaules, affectueusement. Yasemin restait en retrait, à la façon d'une sœur qui considère sa cadette cajolée par leur mère. Elle n'intervenait pas. Elle m'avait adressé son regard habituel, comme si ses yeux avaient l'intention de passer derrière mon front.

Une fois ses explications terminées, Altan s'est tourné vers moi :

« Elle est d'accord, René. N'est-ce pas Derya ? Tu accompagnes monsieur ?

— Oui.

— Elle parle français ?

— Elle se débrouille, elle a appris au lycée. »

Il est allé voir si la rue était libre. Je trouvais cela franchement ridicule. J'ai pourtant cédé quand il m'a demandé de cacher Derya à l'arrière, à la place du cercueil. J'ai démarré, pas trop content. Il n'y avait que quelques dizaines de mètres à franchir jusque chez moi, le temps suffisant pour me demander ce qui m'avait pris d'accepter de jouer dans un vaudeville pareil.

À la maison, j'ai demandé à Derya si elle voulait manger. Sandra s'en était occupée.

« Je voudrais me reposer un peu. »

Elle parlait lentement avec un léger accent allemand qui m'évoquait vaguement quelqu'un, mais impossible de me rappeler qui. Dans quelle chambre allais-je la loger? Presque aussitôt, j'ai pensé à la chambre de Christel.

Depuis qu'elle est partie, elle est restée telle quelle. Je n'ai jamais voulu y toucher. Au début, j'espérais plus ou moins qu'elle reviendrait. Elle avait même laissé un tas de vêtements. Après, quand j'ai consenti à croire qu'elle ne reviendrait jamais, c'était trop tard pour changer. C'est resté la chambre de Christel, celle où personne ne va jamais, sauf la femme de ménage qui l'entretient une fois par mois, la brique à fond à chaque printemps et emporte même chez elle les vêtements pour les laver.

J'ai fait entrer Derya. Pour tout bagage, elle portait en bandoulière une sacoche en toile dans laquelle il ne devait pas y avoir grand-chose. J'ai tiré quelques tiroirs de la commode, du chiffonnier, j'ai ouvert la penderie remplie de vêtements de toute sorte. Je lui ai dit qu'elle pouvait se servir. Puis je lui ai indiqué la salle de bains. J'ai remis dans la serrure la clé pendue depuis longtemps à un clou au linteau.

« Maintenant, je vous laisse.

— Merci, monsieur, vous me sauvez.

— *Keine Ursache*, ai-je répondu pour montrer que, de mon côté, j'ai quelques notions consécutives à mes séjours hygiéniques en Forêt-Noire. Vous pouvez m'appeler René.

— Merci, René.

— Repose-toi bien, Derya. »

Marcel n'avait pas plus que d'habitude prêté attention à mon retour. Il était installé dans le bureau, une petite pièce équipée d'un ordinateur, d'un gros

Loin des mosquées

poêle, d'un canapé devant une table basse qui sert surtout de repose-pieds. En hiver, nous chauffons l'endroit comme un four et nous regardons la télé en bras de chemise. En dehors des émissions du soir, Marcel se farcit tous les jours des cassettes, des DVD et des cornets de glace. Avec la fraise-vanille, sa passion principale, c'est *Columbo*. Il possède l'intégrale. Il ne se lasse pas de revoir les épisodes, bien qu'il puisse dire toutes les répliques de Peter Falk avant qu'il n'ouvre la bouche.

« Marcel, arrête ce machin une minute, s'il te plaît, il faut que je te parle.

— Mm...

— Je dois t'expliquer quelque chose.

— Attends, attends, il sort, il va remonter dans sa bagnole. »

J'ai laissé le lieutenant regagner sa 403.

« Tu m'as entendu quand je suis rentré ?

— Non.

— Bon, alors écoute. J'ai ramené une jeune fille, elle restera quelques jours avec nous. Elle est dans la chambre de Christel.

— Ah...

— C'est la cousine d'Altan.

— Encore un mariage ?

— Non. Elle doit se reposer un peu avant de repartir en voyage. Tu comprends, chez Altan, avec les deux gamines, ce n'est pas possible. Ici, elle sera bien tranquille.

— D'accord, René.

René

— Marcel, tu ne parles à personne de cette fille, hein ?
— D'accord.
— Vraiment à personne, Marcel ! Promis ?
— Oui, oui.
— Personne ne peut l'approcher, hein.
— Pourquoi ?
— Parce que... c'est comme la femme de Columbo : on ne doit jamais la voir. »
Son visage s'est illuminé. J'ai pensé que ça l'amusait. Ensuite, j'ai réfléchi qu'il s'était peut-être fait un tout autre cinéma.
Un jour, en effet, il y a très longtemps, au début que nous vivions ensemble, il m'avait lâché que je ressemblais à Columbo. Sur le coup, cela m'avait plutôt vexé. D'accord, Columbo – je veux dire Peter Falk, naturellement – est un fameux comédien, mais c'est un épouvantail à moineaux, il est malingre, mal fichu. Je le dépasserais au moins d'une tête. Évidemment, il y a la paupière. La ressemblance entre Columbo et moi, ce devait être ça : la paupière.
Et maintenant s'ajoutait cette femme que je ramenais à la maison et que personne ne devait jamais voir. Je me suis demandé si Marcel ne s'était pas mis à gamberger dans sa petite tête à propos de Derya et moi.

11

Derya

« Maintenant, tu vas remonter dans ta chambre. Tu vas écrire à mon frère Gani que tu acceptes d'épouser son fils Evren. Tu demanderas qu'il pardonne ton premier refus. Dis que tu n'avais pas réfléchi. Quand ce sera fait, tu donneras la lettre à ta mère. Nous la posterons. Va, Derya, va; éloigne-toi de ma vue! »

Je me suis enfuie. Dans la chambre, j'ai arraché le couvre-lit, je m'en suis enveloppée de la tête aux pieds, et je me suis couchée vers le mur, les yeux serrés. Derrière moi, la clavette s'est enfoncée dans la poignée de la porte, puis des pas se sont éloignés avec des grincements de baskets sur le plancher : un de mes frères, juge, puis geôlier. N'importe comment, cette porte verrouillée me soulageait. Au moins, nous étions séparés, l'ange déchu d'un côté; de l'autre, les serviteurs du Tout-Miséricordieux. La lettre, je l'écrirais, mais pas tout de suite, plus tard, plus tard. Je devais d'abord me ressaisir, rassembler ce qui restait de moi.

Pour briser ma vie, deux jours avaient suffi. La

lettre d'Evren m'avait frappée comme un caillou frappe une vitre. Son dérisoire éclat s'était bientôt propagé à tout mon être. De moi, il ne restait que des fragments que je devais ressouder avant qu'ils ne s'éparpillent sur le sol et que les témoins de mon malheur ne les foulent aux pieds.

De la plus sereine assurance, de l'enivrement de la liberté, de la certitude d'échapper aux servitudes de ma mère, de l'exaltation de mon corps que je voulais aimer sans crainte en dépit du ténébreux culte du sexe qui me cernait, j'étais tombée dans la confusion la plus totale. On m'avait humiliée, on avait étalé mes secrets, on m'avait ôté la liberté, on m'avait violée pour s'assurer de ma virginité ; ma mère m'avait trahie, mon père et mes frères m'avaient déclarée coupable sans m'entendre, et maintenant ils étaient prêts à me vendre.

Que restait-il de la Derya d'avant ? Ce que je voulais, moi, ce que j'avais rêvé, ce que j'avais commencé à élever, tout cela était réduit en miettes. J'étais broyée. Les gardiens de la justice m'avaient rappelé que la femme ne se possède pas. La femme tient au chaud son sexe pour les hommes, c'est tout. D'ailleurs, pourquoi dire la femme ? Femelle serait plus juste. Il n'y a que des femelles.

Je sais ce que c'est que d'être une bête.

Un jour, quand j'étais petite, j'ai vu l'agneau de la fête du Sacrifice, qu'on amenait dans la cour des voisins. Il est descendu de l'arrière d'une camionnette. Il était jeune, tendre, frisé comme si pour l'occasion il était passé chez le coiffeur. Il se laissait conduire paisiblement au milieu des fidèles rassemblés. On l'admirait. On lui adressait des mots apaisants. Au passage, on le caressait. Ceux qui étaient le plus près lui enlaçaient affectueusement le cou. Soudain, cependant, la lame d'un couteau a brillé dans la main, non pas d'un mauvais garçon, mais dans celle de l'homme le plus saint de l'assemblée, celui en qui, plus qu'en n'importe quel autre, il aurait placé sa confiance. En un éclair, cet homme lui a tranché la gorge au milieu des murmures satisfaits de l'assemblée. C'était le sacrificateur. L'agneau est tombé sur les genoux, il a basculé par terre, les yeux révulsés, bien étonné sans doute qu'on l'ait tant choyé pour l'étendre ainsi sur le carreau, comme un galeux.

Le lendemain matin, j'ai écrit la lettre.

«Mon cher Oncle,
Je vous écris au nom de mon père pour vous informer que nous avons décidé d'accepter le mariage que vous nous proposez avec votre fils, mon bien-aimé cousin Evren. Je vous prie d'excuser ma première réaction à votre demande. J'étais aveuglée par la surprise et par ma bêtise. Je suis désormais disposée à devenir avec reconnaissance l'épouse d'Evren.»

J'ai levé la main pour signer. Machinalement, mes yeux relisaient ce qui d'une seule traite était sorti de ma plume. Décidément, je ne pouvais pas signer ainsi. Il fallait ajouter quelque chose.

« ... à devenir l'épouse d'Evren, l'ornement discret de sa maison, sa cuisinière, sa femme de ménage, sa poulinière, sa putain à domicile, disponible vingt-quatre heures sur vingt-quatre. »

Alors j'ai signé.
Quand ma mère est venue m'apporter mon repas, elle m'a demandé si la lettre était prête. J'ai préféré lui dire non plutôt que de lui faire voir les seules lignes sincères que j'avais pu tirer de moi.
« Écris-la, Derya, cela ne sert à rien de t'obstiner.
— Je ne peux pas, maman.
— Pourquoi ? Mais pourquoi ? Je ne te comprends pas ! »
Comment lui expliquer ? J'étais sous la lame du sacrificateur, mais ma mère aurait trouvé convenable que la brebis bêle pour dire amen à ceux qui l'égorgeaient.
« Vous n'avez pas besoin que j'écrive. Pourquoi n'arrangez-vous pas le mariage sans moi ? Que papa écrive lui-même à son frère. C'est bien suffisant.
— Derya, tu sais très bien qu'il faut le consentement de la jeune fille.
— Le consentement ! Ça alors ! Donc, toi, tu étais consentante ? »
Au temps où elle m'avait confié ses malheurs, tandis que je la soignais dans la pénombre de ma chambre, elle m'avait avoué qu'elle avait épousé mon père par correspondance. Il était en Turquie, il avait envoyé sa demande par télégramme en Allemagne, où elle habitait avec ses parents. On lui avait

lu le texte devant deux témoins et elle avait dit oui, alors qu'elle n'avait jamais vu mon père, même pas en photo. C'est cela qu'ils appellent le consentement.

Ma mère n'a pas répondu à ma question. Elle a soupiré. Elle m'a laissé mon plateau et m'a quittée en replaçant la clavette. J'étais prisonnière. Qu'est-ce que mon père allait décider quand il apprendrait que je refusais d'écrire ?

Je n'ai pas tardé à l'apprendre. Le soir, ma mère m'a rapporté sa décision. Il avait déclaré que je ne sortirais pas avant d'avoir cédé, qu'on verrait bien si je tiendrais longtemps seule dans cette chambre.

C'est cela qui m'a soutenue, ce défi. Ce duel dont il venait de choisir les armes me rétablissait sur le même pied que lui. Je n'étais plus punie comme aux premiers jours, j'étais provoquée. C'était à qui céderait le premier. Et j'étais bien sûre que ce serait lui. Je ne pouvais imaginer un seul instant qu'il souffrirait que sa propre fille reste enfermée plus d'un jour ou deux, une semaine au pire. Après quoi, il jetterait l'éponge.

Je ne songeais même pas à m'évader. Je respecterais les règles de la confrontation, je l'emporterais à la loyale. Je me prenais à sourire à la pensée du jour où son pas lourd ferait craquer le couloir, qu'il hésiterait un instant devant la clavette, la ferait sauter et qu'il apparaîtrait sur le seuil, fâché mais résigné.

« C'est bon, Derya, tu as gagné, tu peux aller. »

Malgré lui, je l'embrasserais et, plus tard, devant mes frères cramoisis jusqu'aux oreilles, il m'appellerait comme autrefois : « Ma fleur, mon jasmin, ma tulipe noire. »

Au bout de la semaine, cependant, personne ne m'avait rendu visite que ma mère. Je lui demandais ce que disait mon père. Rien. Ils avaient tous perdu la parole. J'imaginais très bien le silence autour de la table. Ils devaient s'ennuyer comme des rats morts. Il fallait que je tienne bon.

En attendant, je tâchais d'occuper mes journées. J'avais révisé tous mes cours. J'avançais dans les manuels pour ne pas me trouver distancée le jour où je regagnerais le Gymnasium. Je m'étonnais d'ailleurs que personne ne s'inquiète de mon absence. En fait, Mme Lefort avait téléphoné, ainsi que plusieurs de mes amies. Ma mère me l'a avoué plus tard. Mes frères avaient répondu, ou elle-même si elle était seule. J'étais souffrante, rien de grave, un état de fatigue, je reviendrais dès que j'aurais repris des forces.

J'ai eu mes règles. J'ai demandé à ma mère de pouvoir utiliser la salle de bains. Depuis dix jours, je n'avais pour ma toilette qu'une cruche d'eau et une cuvette. Elle a refusé.

Un peu plus tard, elle est revenue et elle m'a dit : « Si tu t'échappes, ils me tueront. » Puis elle m'a laissée aller.

Je suis restée une éternité sous la douche. La caresse de l'eau chaude rendait vie à mon corps. J'avais voulu l'ignorer, je l'avais maudit, mais il était toujours là, à ma disposition. Chaque parcelle de ma peau s'éveillait, s'étirait avec bonheur. Ma chair était jeune et heureuse, indifférente aux épreuves de mon âme. Dans le miroir, j'ai trouvé mon visage si sévère que je n'ai pas pu m'empêcher de me moquer de moi-même. Je me suis fait un clin d'œil.

Ma mère attendait dans ma chambre, sur le qui-vive.

« Enfin, maman ! Comment voudrais-tu que je m'en aille ? Pour aller où ? Chez qui ? Tu connais une famille turque qui accepterait de me garder ? Une seule ? Et ne parlons pas des autres ! »

Un peu de pitié m'est revenue pour elle, malgré ma rancœur. Mais c'était peut-être seulement l'effet de l'eau chaude qui se prolongeait.

« Avec toutes ces histoires, je ne t'ai pas soignée depuis longtemps. Installe-toi, je vais te mettre ta pommade.

— Non ! »

Elle a sursauté. Elle semblait plus effrayée encore que je lui fasse cette proposition de retour à la normale. Il fallait rester dans l'état d'exception. Ma mère était opprimée, mais elle ne savait pas si elle devait se ranger avec moi dans le camp des opprimés. Quoi qu'on en pense, même pour les persécutés, le camp le plus séduisant, c'est celui du plus fort.

En proie à cette irrésolution, cependant, elle a permis désormais que j'utilise chaque jour la salle de bains, puis, lorsque je le lui ai offert de nouveau, elle a accepté que je la soigne.

Pour cela, il fallait que je quitte ma chambre pendant qu'elle se préparait. J'attendais dans le couloir.

Après tout, nous étions seules toutes les deux à la maison, la journée durant.

De concession en concession, elle m'a laissée descendre près d'elle à la cuisine. Shéhérazade a sauté du sol dans mes bras et m'a fait mille câlineries. Enfin quelqu'un qui me manifestait un peu d'affection ! J'en aurais pleuré. Désormais, j'ai circulé aussi librement qu'elle dans la maison jusqu'au retour de mon père et de mes frères.

Le deuxième mois de ce régime touchait déjà à sa fin, mais je ne perdais pas espoir. Ma mère, en effet, me disait que mon père était de plus en plus ébranlé. Il avait maigri. Il était malade. Sur la table de la cuisine, dans un petit panier en osier, il y avait des somnifères et d'autres médicaments qu'il devait prendre matin et soir. J'ai parcouru les notices. Il avait un ulcère. Ma mère se plaignait de son haleine, qui, d'après elle, aurait tué les mouches à quinze pas. Il était au bout du rouleau. Il me fallait juste encore un peu de patience

Je n'en ai pas eu assez.

Le printemps arrivait. J'ai voulu sortir dans le jardin. Une voisine m'a vue. Un jour, elle a croisé mon père qui revenait de son travail. Elle s'est réjouie que ma santé se rétablisse puisque maintenant je prenais l'air.

De ma chambre, j'ai entendu ses cris dès qu'il est rentré. Il vociférait contre ma mère. Il l'insultait. Il la traitait de putain, de roulure, il hurlait d'autres mots turcs que je n'avais jamais entendus, mais qui suaient l'obscénité. Ensuite, le pire. Des coups sourds, ma mère qui geignait, lui qui ahanait à peu près comme le jour où il avait abattu à la cognée un pommier malade derrière la maison.

Je me suis mise à taper des poings contre ma porte en criant : « Arrêtez ! Arrêtez ! » mais mon père continuait et ma mère le suppliait, la voix remplie de pleurs qu'on aurait dit d'un petit enfant. Il allait la tuer. Alors, j'ai ouvert la fenêtre, j'ai hurlé : « Au secours ! À l'aide ! »

Aussitôt, tout s'est arrêté. Je ne sais pas si quelqu'un dehors m'avait entendue. J'ai vite refermé la fenêtre. J'avais honte.

L'instant d'après, mon père a fait irruption dans ma chambre. Pas du tout comme je l'avais imaginé tant de fois quand j'espérais notre réconciliation. Il était hagard, laid – il n'avait que la peau sur les os – et enlaidi encore par la fureur. De son poing sortait la lame de son couteau à cran d'arrêt.

« Si tu ouvres encore une fois la fenêtre, je te tue. Tu as compris ? Je te tue. Et maintenant, tu vas me faire immédiatement la lettre ou je redescends achever la charogne. »

Je me suis assise. D'une main tremblante, j'ai griffonné la lettre, la même que celle que j'avais écrite au début de ma captivité – à l'exception de la dernière phrase naturellement. J'ai signé mon consentement. Je lui ai tendu le papier. Il est reparti sans remettre la clavette. De toute façon, j'avais trop peur pour sortir.

Ce soir-là, je n'ai pas mangé. Je suis restée dans ma chambre, bien que personne ne soit venu la refermer. Dans toute la maison, il n'y avait que des bruits de pas ou d'objets heurtés. Pas une seule parole avant que mes frères regagnent leur chambre. Ensuite, un vague murmure qu'interrompait parfois le haussement de ton de l'un ou l'autre d'entre eux.

Le lendemain, quand ils ont été tous partis, je suis descendue à la cuisine. Ma mère était assise à la table. Elle avait la lèvre gonflée et fendue d'un côté, un œil poché. Son regard ne passait plus que par une petite fente. Cela m'a déchiré le cœur. Je me suis agenouillée près d'elle. Je ne pouvais pas la regarder, j'ai enfoncé mon visage dans ses genoux. Elle m'a caressé les cheveux. Elle sanglotait. Enfin, elle avait choisi son camp.

Ses jambes la portaient à peine. Je l'ai soutenue dans l'escalier et je l'ai longuement frictionnée sur mon lit, après l'avoir dévêtue moi-même. Son pauvre dos n'était plus qu'une ecchymose. Mon père avait cassé le balai de la cuisine en deux et l'avait battue avec le manche. Elle s'était traînée sur le canapé du salon, où elle avait passé la nuit.

Je l'ai laissée se reposer dans ma chambre toute la journée. Je me suis occupée du ménage, du repas du soir. Quand mon père est rentré, il n'a pas ouvert la bouche. Ni lui ni mes frères ensuite ne m'ont accordé le moindre regard. C'était comme si les plats atterrissaient d'eux-mêmes sur la nappe par une grâce particulière du Tout-Miséricordieux en faveur de ses fidèles serviteurs.

Ensuite, j'ai porté à manger à ma mère. Elle avait pris ma place en somme. Nous avons dormi ensemble.

De nouveau, elle a pleuré une bonne partie de la nuit en s'agrippant à mes épaules. C'était moi qui étais devenue sa mère.

Maintenant je projetais de retourner au Gymnasium. Mais c'était le congé de carnaval. La veille de la rentrée, alors que ma mère et moi étions seules dans la cuisine, la réponse de la famille d'Evren est arrivée. J'aurais dû décoller l'enveloppe à la vapeur, lire la lettre. Je l'aurais brûlée. Mais je n'ai pas osé.

Comme il l'avait fait pour la lettre d'Evren, mon père a ordonné à Serif d'en faire la lecture en ma présence.

« Mon cher Murat,

Nous avons bien reçu le consentement tardif de ta fille Derya pour le mariage que nous avions demandé. Nous n'y donnerons pas suite. Evren a renoncé. Comme dit le proverbe, la flèche tirée ne revient jamais.

Longtemps, nous nous sommes demandé pourquoi Derya avait repoussé notre offre. Evren a ses défauts comme tout le monde, mais c'était un parti tout à fait convenable. D'ailleurs vous-mêmes, les parents, si j'ai bien compris, vous étiez d'accord pour cette union, dans la ligne sainte de nos traditions musulmanes. Pardonne-nous, mais nous en sommes venus à croire que Derya tenait caché même à ses parents le véritable motif de son refus. Peut-être redoutait-elle que son mari ne découvre quelque chose de terrible le soir de ses noces.

Nous avons donc préféré solliciter un autre mariage

dans la famille de ma femme, sans risque pour notre fils. L'affaire est faite. Qui hésite entre deux mosquées retourne sans avoir prié. Yasemin, la fille de Kaan, le frère de mon épouse, a accepté et, quant à elle, nous avons la certitude que c'est une pure fleur virginale.

Avec mes regrets, je reste sincèrement ton frère affectionné,

Gani. »

Je suis sortie de la pièce sans attendre. Je les ai laissés entre eux. J'étais quitte d'Evren mais, pour le reste, je savais que le filet de la bêtise resserrait ses mailles autour de moi. Que je sois innocente ou non, qu'est-ce que ça pouvait leur faire ? Ce qui leur importait, c'est ce que les autres pensaient. La famille d'Evren soupçonnait que la marchandise était frelatée. À quoi bon épouser le soir une femme qu'il faudrait répudier au matin ? J'avais refusé leur mariage parce que j'avais péché. Cette explication suffisait à leur honneur. C'était le leur au prix du nôtre.

Le lendemain, mon père m'a convoquée à la cuisine. Une nouvelle fois, les mâles étaient disposés autour de la table, comme des juges. Et ma mère debout, en retrait, appuyée contre le chambranle de la porte du salon où elle avait voulu se réfugier sans doute avant que mon père lui ordonne de revenir.

Il était affreux. Les os de son visage trouaient sa peau. Ses yeux étaient devenus plus jaunes que ceux de Shéhérazade. Je suis certaine qu'il souffrait terriblement. Quelle absurdité ! Un homme peut se ruiner la santé à cause d'une lubie qu'il s'est fourrée dans la tête. Il se torture comme un damné. Et il ne saurait tolérer qu'autour de lui, on ne pâtisse pas tout autant. Il bat sa femme et, à la décision abominable d'enfermer sa fille, succède une résolution plus atroce encore : celle de la faire disparaître. C'est le seul moyen qu'il ait trouvé pour faire disparaître sa propre douleur ou du moins pour la remplacer par une autre, plus simple, plus naturelle, quasi douce en comparaison, qui sera le deuil de son propre enfant.

Il a pris la parole, non pas avec assurance, comme autrefois, mais d'un ton accablé, presque comme s'il m'avait demandé de le comprendre.

« Derya, jusqu'à l'âge de vingt ans, j'ai vécu dans notre patrie, en Anatolie. Nous étions pauvres mais respectés. J'ai bien souvent entendu mon père et mon grand-père parler de nos ancêtres. Jamais, jamais, une femme ne s'est déshonorée dans notre famille. Toutes furent la guirlande attachée à notre renommée. La honte est venue à nous par toi.

« Quand Evren se mariera, tous les invités demanderont pourquoi nous ne sommes pas là. Sa mère et ses sœurs, que tu as humiliées, se feront une joie de cracher leur venin. Dans l'assemblée entière, on chuchotera que la fille de Murat a flétri son nom. Ce sera le seul sujet de conversation. Et, de retour au pays, ils s'empresseront de nous traîner dans la boue.

« Malgré que je t'aie aimée de tout mon cœur lorsque tu étais petite, je regrette que tu sois née.

Derya

Quel fardeau as-tu mis sur nos épaules ? Comment nous en libérer ? À quoi nous contrains-tu ?

« Derya, Derya, tu peux encore nous soulager et tu sais comment. Aie pitié de nous !

« Nous allons te laisser le temps de mettre par toi-même un terme à notre malheur. Évite-nous de recourir à un autre moyen. Va, Derya, tu peux encore regagner notre estime. Fais ce que tu as à faire. »

Une larme est sortie d'un de ses yeux jaunes, coulant dans l'angle entre sa joue creuse et son nez. Elle le rendait plus rebutant encore. Il me mendiait ma vie, rien que cela. Je me suis approchée. Je lui ai craché au visage. Mes frères se sont précipités, mais il les a arrêtés : « Laissez ! Laissez ! »

Avec mon repas du lendemain, ma mère m'a apporté deux boîtes de somnifères de la part de mon père. Je les ai placées sur la table et j'ai passé une bonne partie de la journée à les contempler. Effectivement, comme tout pouvait être simple !

Le matin, quand ma mère est venue, j'ai mis mon pied dans la porte. Je l'ai écartée et j'ai dévalé l'escalier. La porte d'entrée était ouverte. J'avais déjà passé le seuil, mais ma mère était revenue sur le palier.

« Derya, Derya, attends ! »

Elle descendait de son mieux, accrochée à la rampe. Elle m'a tendu deux billets de cent euros qu'elle avait dans son corsage. Je les ai pris.

Je suis partie sans l'embrasser. Je n'en ai pas trouvé la force parce que, malgré tout, elle m'avait transmis les somnifères.

Loin des mosquées

J'avais une amie qui faisait partie des islamistes du mouvement Milli Görüs. Elle aurait voulu m'y attirer. J'avais toujours refusé. Elle était exaltée, fascinée par les terroristes. Je l'avais perdue de vue, mais je me rappelais très bien où elle habitait.

Mon plan, je l'avais remué toute la nuit. Mon seul salut, c'était d'affronter la gueule de l'enfer. L'oncle Gani nous avait prodigué ses proverbes. J'en connaissais un, moi aussi : « Le crocodile ne mange pas l'oiseau qui lui cure les dents. »

12

Derya

Je suis rentrée dans le monde des vivants en corbillard. Lorsque Altan a ouvert la porte sur la rue, en découvrant le break de René, je l'avoue, j'ai eu un choc. Altan ne m'avait pas dit quel métier faisait son ami. Et quand René a ouvert le hayon, que je me suis précipitée entre les rails sur lesquels on fait glisser le cercueil, mon sang s'est glacé. « Couche-toi ! » criait Altan. Je n'ai pas pu. Je me suis ramassée sur moi-même, les bras autour des jambes, le front sur les genoux, comme un enfant dans le ventre de sa mère. Une épaisse odeur de fleurs coupées saturait l'habitacle. Des débris de tiges et quelques pétales jonchaient le plancher.

Heureusement, le trajet n'était pas long. René m'a délivrée. Il m'a saisi les mains pour m'aider à descendre. J'étouffais. J'ai aspiré à pleins poumons.

J'étais dans une cour pavée, entourée d'un muret. Devant moi, une façade en pierre, quatre hautes fenêtres en bas, leur réplique à l'étage, des œils-de-bœuf dans le toit. Sur le flanc gauche, une construction adossée en appentis, à moitié dévorée par le lierre. Celle-ci était percée de deux fenêtres en ogive garnies de vitraux. Une croix en cuivre marquait chacun des battants de la double porte, au-dessus de laquelle était suspendue une figure en fer forgé. Flottant pour ainsi dire sur le lierre, elle représentait une barque poussée à la gaffe par un homme debout à l'arrière. Je me trouvais devant le salon funéraire de René et, dans son esquif, je découvrais Charon, le passeur des morts.

Plus tard, René m'a expliqué que c'était son idée, cette ferronnerie. Il s'agissait de Charon, mais aussi de lui-même. Cela lui plaisait assez de penser que son métier était de faire passer paisiblement les morts sur les flots tant redoutés entre le rivage de la vie et le rivage de la mort. Il n'aurait sans doute jamais imaginé qu'il ferait passer quelqu'un dans l'autre sens, de la mort à la vie. En principe, la barque des morts revient toujours vide. C'est pourtant ce qu'il a fait pour moi. Quand il m'a recueillie, je venais de m'échapper des Enfers, je m'étais jetée dans le Styx et il m'a hissée à son bord. Le convoyeur de la mort m'a rendue à la vie.

Au contraire, celui qui s'était présenté à moi comme mon guide de vie ne voulait que ma mort. Il s'appelait Youssef. C'est du moins le nom qu'il m'avait donné lorsque mon amie de Milli Görüs m'avait introduite auprès de lui. Je lui avais expliqué ce qui m'arrivait, l'échec de mon mariage forcé, ma famille bafouée dans son honneur, le suicide auquel elle me poussait. Il m'a souri avec une émouvante bienveillance.

« Ma sœur, sois la bienvenue parmi nous. Qu'attends-tu de nous ?

— Votre protection, je vous en prie.

— Et toi, que peux-tu nous donner ?

— Je ferai ce que vous voudrez.

— Es-tu une bonne musulmane ?

— Je suis musulmane, mais je ne pratique pas ma religion.

— Crois-tu qu'il n'y a de Dieu que Dieu et que Mohammed est son prophète ?

— Oui.

— Veux-tu t'instruire ?

— Oui, je le veux.

— Alors, nous te protégerons. »

Je suis restée chez lui, dans une vaste propriété de banlieue, au milieu d'un parc fermé. Nous étions en permanence une dizaine de femmes. Certaines arrivaient, d'autres s'en allaient. Leur formation sur place était terminée. Elles partaient, rayonnantes de fierté, pour les camps d'entraînement à l'étranger.

Nous vivions comme dans un pensionnat de jeunes filles d'autrefois : chambrettes, réfectoire, salles de cours, salles de sport. Personne ne nous retenait cependant. Le lendemain de mon installation, Youssef m'a convoquée.

« J'ai envoyé quelqu'un parler à ton père et à tes frères. Tu n'as plus rien à craindre, tant que tu seras avec nous.

Loin des mosquées

— Je n'oublierai jamais ce que vous avez fait pour moi.

— Mais si tu nous quittes, nous ne pourrons plus rien pour toi.

— J'ai compris.

— Maintenant je vais t'enseigner la voie de la vie. »

Il m'a enseigné la voie de la mort. Youssef m'avait sauvée des mains de mes frères, non pas parce qu'il était un maître de vie, comme il le prétendait, mais en vertu du pacte qu'il avait passé avec la mort. La mort était sa maîtresse. Il était comme le filleul de la Faucheuse dans les contes de Grimm qu'on lit aux petits enfants. Il pouvait soustraire ses protégés à un trépas vulgaire – il méprisait les crimes d'honneur –, mais c'était seulement pour les vouer à un autre qu'il estimait revêtu de sainteté.

Youssef, en effet, était un saint. Il priait, il jeûnait, il faisait l'aumône, il étudiait les textes. Le nom de Dieu était sans cesse à sa bouche. Dieu est l'Unique. Il n'y a de place que pour Lui seul sur la terre entière. Le temps de Sa victoire sur les infidèles était proche. Chaque jour, Youssef voyait avec joie s'accomplir les prophéties annonçant le soulèvement général des martyrs de l'Inengendré. Les femmes elles-mêmes devaient désormais prendre le sentier de la guerre sainte. Quel honneur, quel bonheur pour elles aussi d'offrir leur vie et d'avoir ensuite part aux jardins du paradis, où les ruisseaux couleront à leurs pieds, tandis qu'elles seront parées de bracelets d'or, vêtues de soie et de brocard, accoudées sur des sofas.

Derya

Qu'est-ce que les infidèles pouvaient bien nous offrir au regard de la gloire du martyre ? Voyez leurs femmes ! Elles sont déchirées entre l'absurde désir de vivre comme des hommes et la frénésie d'exciter leur convoitise. Quelle vie insensée jusqu'à la vieillesse intolérable à leur soif inextinguible de jeunesse, lorsque le dépit les desséchera comme un buisson du désert avant qu'elles soient précipitées dans le feu éternel ! Tout autre est le lot des musulmanes. Le plus grand nombre enfante les cavaliers de Dieu ; quelques-unes, les plus fortes, les élues, chevauchent de compagnie avec les combattants.

La puissance des mots est redoutable. Nous l'écoutions et, dans ce moment, nos cœurs battaient à l'unisson. Le soir, cependant, quand je me retrouvais seule dans ma chambre, le mien aussitôt se reprochait ces débordements. Il se navrait. Il m'entraînait de tout son poids par terre, à genoux.

Alors, j'ouvrais le sac en toile dans lequel j'avais emporté quelques effets de la maison. J'en tirais la carte postale du Ludwig Museum représentant la *Baigneuse assise* de Renoir. Je m'abîmais dans la contemplation de cette jeune fille nue, tendue de tout son être vers une lumière qui ne tombe pas du ciel, mais qui jaillit de la nature autour d'elle. Qu'allait-elle faire cette baigneuse lorsque le peintre la délivrerait de la pose ? Elle se lèverait et, un peu plus loin dans la végétation, elle reprendrait les vêtements qu'elle y avait déposés. Ensuite, allait-elle réapparaître en djellaba ? Serrerait-elle autour de sa taille si souple une ceinture d'explosifs ? Non, non, non !

Loin des mosquées

Je perdais la tête sûrement, mais je portais l'image à mes lèvres, je la suppliais : « Aide-moi ! Aide-moi, je t'en prie ! Ne m'abandonne pas ! »

Voilà le Dieu qui m'a exaucée. J'avais trop longtemps attendu. Je suis allée voir Youssef. Je lui ai confessé que je ne trouvais pas en moi la force du martyre. Ce n'était pas ma voie. Qu'il me laisse rejoindre la troupe des musulmanes ordinaires.

Il m'a entendue d'un air apitoyé. Je pouvais m'en aller mais, par loyauté, il informerait ma famille.

C'était mon arrêt de mort.

« Je vous en prie, ne les avertissez pas !

— Je le dois, ma sœur.

— Alors, au moins, pas aujourd'hui ! Attendez quelques heures ! Laissez-moi un jour ! Rien qu'un jour ! »

Son visage restait fermé. J'ai voulu lui saisir les mains, mais il les a retirées comme si j'avais la peste.

« Par Allah clément et miséricordieux ! ai-je imploré.

— C'est bon. »

Pourquoi m'a-t-il accordé un jour ? Parce que cette chance accordée au gibier, ce handicap imposé aux pisteurs ajoutait du piquant à la situation ? Parce qu'il s'est cru le dispensateur de la miséricorde et de la clémence divines dont il n'avait jamais pensé faire usage ?

J'ai repris mon sac en toile. J'avais toujours les deux cents euros que ma mère m'avait donnés. Je suis allée à la *Hauptbahnhof*. Dans les toilettes, j'ai enlevé mon *jilbab*, j'ai passé un tee-shirt, un jean, coiffé de mon mieux mes cheveux abîmés par le voile. Ils étaient très longs, ils ajoutaient à mon travestissement.

Et maintenant, où aller ? Où trouver refuge suffisamment loin pour échapper à mes frères ? Je n'avais personne.

Personne... sauf Evren. Evren s'est présenté à moi, aussi inattendu que le jour où il avait pénétré dans la salle de bains. C'est vrai, je l'avais méprisé, humilié, rejeté. Malgré cela, il avait continué à m'aimer. Lui au moins ne pouvait me vouloir de mal. Il aurait pitié. Il avait souffert, il comprendrait.

Sa souffrance, soudain, je l'ai ressentie. Sans doute, pour m'autoriser à implorer son secours, cette compassion était-elle nécessaire. Elle m'est venue sans calcul cependant. Je comprenais seulement que j'avais été injuste. Jamais je ne m'étais inquiétée de ce qu'Evren avait enduré. Sa douleur, je l'avais fourrée dans le même sac que son amour : elle me paraissait ridicule. Je ne savais pas ce que c'était de souffrir. Maintenant j'avais goûté à la coupe d'amertume. La dernière chose que j'aurais voulue désormais, c'était d'en abreuver les autres. J'avais éprouvé l'abjecte assurance des purs, des forts, des interprètes de Dieu, qui s'arrogent le pouvoir de semer la désolation. Leur fraternité arrogante, je l'avais rejetée ; j'aspirais à celle des innocents. Je demanderais pardon à Evren. Il me relèverait.

J'ai pris un billet au guichet international.

Quand le train a quitté la gare, cependant, une chose impossible est arrivée. Le convoi a ralenti. Il y avait des travaux sur les voies et on passait à côté du chantier. Des engins, des matériaux défilaient devant les vitres. Le train s'est pratiquement immobilisé. Sur le terre-plein, appuyés à leur pelle, des hommes vêtus de vestes fluorescentes attendaient qu'il passe. Distraitement, j'ai jeté un coup d'œil par la fenêtre et presque aussitôt, j'ai rencontré les yeux de l'un d'eux. J'ai pensé : je connais cet homme, il faut seulement que je me rappelle qui c'est. Mon hésitation n'a duré que le temps d'un éclair – jamais je ne m'étais représenté mon père au travail, je ne savais même pas ce qu'il faisait au juste au chemin de fer –, mais c'était trop déjà. Lui aussi avait eu le temps de reconnaître dans le train l'inconnue qui l'avait dévisagé. Je me suis rejetée en arrière. Le mal était fait. Il lui suffirait de s'informer de la destination du train pour deviner où j'allais. Alors il lâcherait la meute.

J'étais terrifiée. L'invraisemblable apparition de mon père me frappait comme un avertissement : je n'échapperais pas à sa vengeance, quoi que je fasse. Pendant tout le voyage, j'ai tremblé. À chaque arrêt, je m'attendais à ce qu'un de mes frères monte dans le train – c'était impossible, mais pas plus impossible que d'avoir croisé mon père sur la voie. Il allait surgir dans la voiture, me plaquer la main sur la bouche, m'empoigner, m'enlever !

Enfin, le train a passé la frontière. À Liège, j'ai trouvé une correspondance tout de suite. Je suis arrivée à destination. Pas de taxi. C'était une ville beaucoup plus petite que je ne l'avais imaginé. Je me souvenais du nom de la rue d'Evren – rue de la Tannerie –, mais pas du numéro. Quelqu'un m'a indiqué le chemin. C'était juste à côté de la gare.

Une rue turque, maisons ouvrières en brique, tirées au cordeau, portes ouvertes garnies de lamelles multicolores en plastique contre les mouches. Il faisait très chaud. Des enfants bruns s'éclaboussaient autour d'une piscine en caoutchouc à cheval sur la chaussée. Des femmes, des vieux avaient sorti des chaises sur le trottoir. Ils me regardaient venir. Les avait-on déjà prévenus contre moi ? Non, ils me souriaient.

J'ai demandé où habitait Evren. On m'a désigné un immeuble tout neuf au bout du quartier. Des appartements. Dans la rangée des sonnettes, son nom figurait au deuxième. Heureusement, il n'habitait plus chez ses parents ! Je préférais le rencontrer seul.

J'ai poussé sur le bouton, le cœur battant. Il allait arriver devant moi, stupéfait. J'allais me jeter à ses pieds, je le supplierais.

Mais ce n'est pas Evren qui a ouvert. C'est une jeune femme, un mètre ruban autour du cou et, autour du poignet, un bracelet en mousse hérissé d'épingles.

« ... Je suis bien chez Evren Kilimci ?

— Oui, bien sûr. »

Le seul détail auquel je n'avais pas pensé, c'est qu'Evren pouvait déjà être marié. Son père l'avait annoncé dans sa lettre, il allait épouser sa cousine dont j'avais oublié le nom mais, pour moi, ce mariage pouvait tout aussi bien avoir lieu dans un siècle.

Loin des mosquées

Pourtant, c'était évident : l'épouse d'Evren était devant moi. J'étais perdue.
« Evren n'est pas là. Il est à son travail.
— Eh bien, dans ce cas...
— Vous connaissez Evren ?
— Oui, je suis sa cousine.
— Sa cousine ? Quelle cousine ?
— Derya.
— Derya ? Je ne connais aucune Derya.
— Il ne vous a pas parlé de moi ?
— Non.
— Je suis la fille de Murat, le frère de son père.
— Je croyais avoir rencontré toute la famille au mariage. Je suis sa femme, vous savez. Vous étiez à mon mariage ?
— Non.
— D'où venez-vous ?
— D'Allemagne.
— Entrez. »

Elle m'a fait asseoir sur le canapé. Elle voulait absolument me préparer du thé. Sur une table, devant la fenêtre ouverte, il y avait une machine à coudre et des pièces d'étoffe faufilées. Autour de moi, des meubles modernes ; partout, des bibelots de petite femme d'intérieur. Elle a servi le thé dans de beaux verres cintrés, avec des *böreks*.

« Attention, Derya, c'est brûlant. Tu permets que je t'appelle Derya. Nous sommes parentes maintenant. Moi, c'est Yasemin. »

J'ai bu une gorgée. Elle m'observait avec inquiétude. Sûrement, j'étais à faire peur.

Derya

«Pourquoi n'es-tu pas venue à notre mariage?
— Nos familles sont fâchées.
— Pourtant tu connais Evren!
— Il a fait un stage à Cologne, il habitait chez nous.
— Chez vous?
— C'est seulement après qu'il y a eu cette brouille.
— Qu'est-ce qui est arrivé?»

Evren ne lui avait rien dit. Normal. Pourquoi l'aurait-il tourmentée avec cette histoire qui la réduisait à n'être plus qu'un amour de rechange? Yasemin était l'innocence même. Cela se voyait comme le nez au milieu de sa jolie figure. Ce n'est pas moi qui allais lui ôter ses illusions.

«Une brouille entre les pères. La faute au mien certainement. C'est un homme terriblement irascible. Il est... Écoute, Yasemin, il vaut mieux que je t'explique tout. Je suis ici pour le fuir. Il m'a enfermée à la maison, je me suis échappée. Il voulait... il voulait me faire mourir.

— C'est affreux! Que s'est-il passé?
— Une affaire d'honneur. D'après mon père, j'ai déshonoré la famille. Tu imagines comment, je suppose... Toujours les mêmes histoires. Et maintenant il veut laver son nom. Mes frères sont à ma poursuite. Je suis venue demander à Evren de me cacher.
— Je comprends. Et Evren qui n'est pas là! Il ne rentrera que demain. Il est parti à Paris avec son patron. Comment faire? Je vais appeler Altan: il a un chantier en ville.»

Loin des mosquées

Les histoires d'honneur n'étaient certainement pas pour étonner une fille qui, à quelques mois près, avait passé toute sa vie en Turquie. Elle savait de quoi il s'agissait. Je n'ai pas eu besoin d'expliquer davantage.

Altan est venu me chercher. Il m'a emmenée dans sa jeep. Yasemin ne voulait pas m'abandonner, elle nous a accompagnés. À lui, je voulais tout raconter. La présence de Yasemin le gênait. Quand il a demandé à sa femme de me préparer une chambre, Yasemin s'est proposée pour l'aider. Alors, il m'a prise à part dans le débarras qui lui servait de bureau.

Il était nerveux, il se balançait d'avant en arrière sur sa chaise. Je lui ai expliqué comment mon père m'avait enfermée, ma fuite, mon séjour chez les gens de Youssef. Là, il a tressailli de la tête aux pieds. Il s'est levé. Il serrait son poing contre ses lèvres qu'il maculait de plâtre. Je ne pouvais pas rester chez lui. Trop risqué. Trop dangereux pour moi, puis pour ses deux petites filles. Il fallait me mettre en lieu sûr, dans un endroit où personne ne songerait à me chercher.

C'est ainsi que je suis arrivée chez mon sauveur.

Quand je me suis réveillée chez René, je ne me souvenais pas d'avoir dormi si profondément depuis des mois. Toute crainte s'était évanouie de mon âme. Je n'aurais pas pu m'expliquer pourquoi, mais j'étais certaine que rien ne pouvait plus m'arriver maintenant que René prenait soin de moi. Il était si calme. Sa démarche, sa silhouette un peu voûtée, la façon dont il parsemait ses paroles d'expressions allemandes, tout cela m'apaisait comme une caresse, moi qui, à l'exception de celles de Shéhérazade, ne me rappelais pas en avoir reçu.

J'ai ouvert les rideaux. J'étais à l'arrière de la maison, qui donnait sur un jardin entouré d'un mur. Quelques arbres, des carrés de légumes, une petite cabane, puis au-delà du mur, une autre rue, déserte, piquée de voitures en stationnement.

Je suis descendue. De la cuisine s'élevaient les bavardages enjoués d'une radio matinale. La porte était ouverte. René était à table, de dos, le nez dans un journal. En face de lui, un homme un peu plus jeune, avec des épaules de déménageur, qui tenait son bol comme un petit garçon, à deux mains et renversait la tête pour l'avaler. J'ai toqué.

« Ah, Derya ! Bien dormi ? Je te présente Marcel, mon associé. »

Marcel s'essuyait consciencieusement les lèvres du revers de la main, les yeux écarquillés.

« Viens, viens, Derya, tu vas déjeuner avec nous, hein Marcel ? »

René m'a apporté un bol, un couteau, la planche à pain. Marcel, bouche bée, ne me quittait pas des yeux.

« Eh bien, Marcel, maintenant tu la connais, la femme de Columbo ! » a ajouté René en m'adressant un clin d'œil.

Marcel a hoché la tête, à la façon des enfants partagés entre l'envie de croire ce qu'on leur raconte et le soupçon qu'on se paie leur tête. Devant ce visage de simplet, un flot de compassion m'a submergée, comme si brusquement le barrage derrière lequel j'avais si longtemps contenu tout attendrissement venait de se rompre. Un sanglot me montait à la gorge. Ce pauvre être désarmé, Youssef l'aurait écrasé du talon. J'ai posé ma main sur la sienne. Alors ses yeux se sont éclairés et il a murmuré : « Salut, mam' Columbo ! »

Ils sont partis tous les deux. Ils avaient reçu plusieurs appels. « Effet de la canicule », a dit René. Il m'a laissé son numéro de portable, je pouvais l'appeler à tout moment à partir du fixe. Mais personne ne songerait à venir me chercher ici pourvu que je ne me montre pas. La maison était à moi. Je ne devais pas m'inquiéter du salon funéraire. Il était occupé. La famille de la défunte recevrait des visites l'après-midi. Elle avait une pièce et un percolateur à sa disposition dans le salon.

Après midi, en effet, des voitures ont pénétré dans la cour. Les gens entraient dans l'appentis, ressortaient, s'agglutinaient avec d'autres visiteurs pour échanger quelques mots avant de repartir. Je les observais derrière un store à l'étage. Ils semblaient affectés, mais en même temps contents de se parler. C'était enfin le cours normal des choses, le chagrin de la mort, le besoin de réconfort, loin des délires de Youssef.

J'ai ouvert les armoires dans lesquelles René m'avait invitée à prendre des vêtements. Je découvrais la lingerie et la garde-robe d'une jeune fille, des choses exactement à ma taille, certaines un peu démodées, la plupart tout à fait mettables. Par la suite, René m'a expliqué qu'elles avaient appartenu à la sœur de Marcel quand elle habitait la maison. Apparemment, nous avions la même taille.

J'ai choisi du linge, une petite robe en coton, très légère, comme je n'en avais jamais porté. Dans la salle de bains, j'ai attaché mes cheveux sur la nuque. On aurait dit que je les avais fait couper.

Quand René et Marcel sont rentrés, je suis descendue. René était au pied de l'escalier. Il m'a aperçue, il est resté un moment immobile. Alors, dans ses yeux, j'ai trouvé ce que j'avais si longtemps cherché en vain : le regard de Renoir.

13

Evren

« Ta cousine Derya est arrivée hier.
— Derya ! »
Malgré moi, j'ai sans doute serré un peu fort les doigts de Yasemin : elle a grimacé. Nous étions sur le canapé où elle m'avait fait asseoir à mon retour de Paris. Elle m'avait à peine demandé si tout s'était bien passé. Elle avait servi le thé, puis s'était emparée de mes deux mains, pas du tout comme une jeune épouse heureuse de retrouver son mari qui, pour la première fois, vient de la laisser deux jours, mais l'air tendu, impatiente de se délivrer du poids qu'elle avait sur le cœur.
« Où... où est-elle ?
— Chez un ami d'Altan, un type qui a une entreprise de pompes funèbres. Il s'appelle René. »
Sur le coup, je m'étais figuré Derya dans la chambre d'amis, dans la salle de bains ; je m'attendais à ce qu'elle fasse irruption d'un moment à l'autre. Mon cœur s'était mis à cogner comme un sourd. Une bouffée de chaleur tentait de s'évader par le col de ma chemise.

«Tu l'as vue?
— Oui, elle est d'abord venue ici, hier après-midi.
— Qu'est-ce qu'elle te voulait?
— Elle ne venait pas pour moi, bien sûr. C'est toi qu'elle voulait voir.
— Moi? Pourquoi moi?
— Écoute, c'est affreux. Elle demande qu'on la cache, la pauvre. Elle s'est enfuie de chez elle.»

J'ai fait sauter le bouton du col de ma chemise. Au moins, Derya n'était pas venue faire du scandale, perturber Yasemin, semer la pagaille avec un nouveau coup de tête. La catastrophe que j'avais tout de suite imaginée s'éloignait un peu. Pas question que Derya vienne ravager ma vie une nouvelle fois! J'essayais de rassembler mes idées.

«Alors, elle fait une fugue! ai-je repris, presque soulagé.
— Ça n'a rien d'une fugue, Evren, je t'assure. Si tu l'avais vue... Elle m'a réellement fait peur. Son père – c'est horrible... –, son père en veut à sa vie. Ses frères sont à sa recherche. Une histoire d'honneur, comme toujours.»

Une affaire d'honneur? Cela ne pouvait concerner nos démêlés familiaux. J'aimais autant ça. Les Murat avaient refusé le mariage, nous l'avions refusé à notre tour. On était quittes. Quelque chose d'autre sûrement était arrivé. Venant de Derya, cela ne m'étonnait qu'à moitié. Dans quel guêpier s'était-elle fourrée à présent?

«Elle t'a expliqué ce qui s'est passé?
— Non, pas vraiment. Elle n'a pas donné de

détails. C'est normal, on ne se connaît même pas. De toute façon, tu devines facilement. Il a suffi qu'elle parle à un Allemand de son âge, par exemple. Elle est au lycée, elle est jolie, c'est normal. Quand il s'agit de l'honneur des filles, les parents voient tout de suite rouge. On en égorge à cause d'une jupe trop courte ou d'un maquillage. La prison ne fait même pas peur aux assassins. Ils sont trop contents de se transformer en martyrs de la justice. Derya n'a rien fait de grave, j'en suis sûre. Je l'ai jugée au premier coup d'œil, c'est une fille très bien, réservée, pudique, même si elle ne porte pas le voile. »

Décidément, je restais le seul à savoir ce qu'il en était de la pudeur de Derya ! Alors, elle ne portait plus le voile ! Elle avait franchi le pas. Celui-là et bien d'autres sans doute. Derya ne voulait pas vivre selon nos règles. Je n'avais pas l'intention de le lui reprocher. C'est moi qui aurais dû le comprendre depuis le début. La scène de la salle de bains ne signifiait rien d'autre. Nue comme une arme. L'occasion de tailler dans le vif du système, de se mesurer au premier venu. Il avait fallu qu'elle tombe sur un ahuri qui n'avait jamais rien vu, qui avait complètement perdu les pédales, qui, pour s'emparer de sa petite personne dégainée, n'avait rien imaginé d'autre que les filets du mariage qu'elle avait précisément décidé de mettre en pièces.

Cela, il m'avait fallu le temps pour le comprendre. Ma bêtise m'avait coûté une année de souffrances incessantes. Et ce qui m'avait guéri, ce n'était même pas un sursaut de fierté, d'énergie, c'étaient les événements, la rencontre arrangée par ma mère avec Yasemin que j'avais laissée s'emparer de ma vie dans la plus totale indifférence. Car le pire dans la torture que je m'infligeais, c'est que je ne voulais pas m'y soustraire.

Lorsque la lettre de Derya est arrivée, dans laquelle elle informait mon père que, tout bien considéré, elle acceptait de m'épouser – cinq mois après nous avoir honteusement congédiés, ma mère, mes sœurs et moi, et après avoir laissé deux mois sans réponse la lettre où je me traînais à ses pieds –, j'étais prêt à passer l'éponge ! Nous étions à la cuisine, ma mère préparait les légumes pour le repas du soir. Mon père a pris l'enveloppe posée sur sa serviette, l'a regardée avec méfiance – elle était manuscrite alors qu'il ne recevait pratiquement que des imprimés –, puis il me l'a passée sans un mot. De toute ma vie, je n'ai jamais éprouvé un pareil retournement. Les mots pénétraient en moi, et le chagrin, au fur et à mesure, s'évacuait de mon cœur, comme un abcès qui perce.

« Maman, maman ! Derya accepte ! Elle a changé d'avis ! »

Je me suis précipité sur ma mère, je lui ai mis la lettre sous les yeux, j'allais l'enlacer dès qu'elle l'aurait lue ! Mais elle, sans même s'essuyer les mains, a pris la feuille entre ses doigts comme elle aurait pris une feuille de salade flétrie, l'a examinée à distance, les sourcils froncés, puis l'a laissée tomber dans les épluchures.

« Mais, maman, tu as compris ? Elle est d'accord pour le mariage ! »

Elle n'a même pas relevé la tête. Elle égouttait ses légumes. Elle a porté le saladier sur la table, s'est assise à côté de mon père et l'a servi.

« Enfin, maman ! Dis quelque chose ! Papa ? Papa ! »

Mon père lorgnait ma mère.

« Assieds-toi, tu vois bien qu'on mange », a-t-il grogné.

Je me suis assis, mais il était bien question de manger ! Je fixais ma mère – mon père, inutile d'insister ; comme d'habitude, il attendait qu'elle se prononce pour se ranger à son avis.

« Allez, maman ! »

J'essayais de rire pour me convaincre qu'elle me faisait marcher. Elle ne levait pas le nez de son assiette.

Finalement, moi aussi j'ai dû me taire. Je me suis laissé aller contre le dossier de ma chaise, décontenancé soudain comme un spectateur qui a applaudi à contretemps. Ma mère a terminé son repas, sans se presser, elle a posé sa fourchette, s'est essuyé soigneusement les lèvres, et enfin m'a accordé un regard.

« Tu es calmé maintenant ?

— Maman, qu'est-ce qui se passe ? Explique-moi ! »

Elle a levé les yeux au ciel, d'un air consterné.

« Ça, tu l'as dit ! Qu'est-ce qui se passe ? On se le demande ! Alors l'Allemande nous expédie cinq lignes, elle nous avise qu'elle annule ce qu'elle avait annulé et hop ! le tour est joué ! Merci, Derya ! Elle nous a humiliés, toi et moi – je ne parle même pas de tes sœurs –, elle nous a tournés en ridicule en présence de son plat de nouilles de mère, mais quelle importance ? Le café sans sucre, on en redemande !

Pendant cinq mois, elle reste bouche cousue : qu'à cela ne tienne, elle avait sûrement d'autres chats à fouetter, elle est bien bonne de se rappeler notre existence. Ce que nous avons pu faire pendant ce temps-là, elle s'en bat l'œil. Nous avons entrepris notre cousine maternelle Yasemin, nous l'avons fait venir à nous de Turquie, nous avons pris le temps de la réflexion, nous avons conclu des fiançailles avec cette jeune fille innocente qui s'en remet entièrement à nous, nous lui avons fait parvenir une bague ; avec sa famille, nous avons fixé la date du mariage, mais tout cela c'est de la bouillie pour les chats ! Ce qui est fait peut être défait, refait et redéfait. C'est comme ça que nous vivons, nous autres, les Allemands ! Eh bien, non, Evren, non, non et non ! Tant que j'aurai un souffle de vie, cela ne se passera pas ainsi !

— Maman, tu exagères ! Je ne suis pas marié avec Yasemin, tout de même !

— Mais tu es fiancé, mon garçon ! FIANCÉ ! En mariage, promesse vaut dette. Que dirons-nous à mon frère pour justifier cette rupture ? Quel mal a fait Yasemin ? Aurions-nous appris quelque chose de désagréable à son sujet ? Ah, Evren, tu ne te rends pas compte ! Qu'un mari répudie sa femme, tout le monde est prêt à l'admettre. Il a vu comment se comportait la pie au nid, elle est méchante, il veut s'en débarrasser parce qu'il ne la supporte plus. Quoi de plus normal ? Mais une fiancée ? Que peut-on lui reprocher ? Je te le dis, Evren, l'engagement par les fiançailles est bien plus sacré que le mariage. La chemise est plus proche du corps que l'habit de cérémonie. Nous ne nous déshonorerons pas, nous ne déshonorerons pas la famille de mon frère en rompant le pacte que nous avons conclu sous prétexte qu'une évaporée, une tête de linotte, une demi-vierge qui nous a envoyés nous faire pendre a ravalé son refus.

— Ne parle pas ainsi de Derya, maman. Je l'aime, moi !

— Tu l'aimes ! Et elle, est-ce qu'elle t'aime ?

— … Je ne sais pas.

— Si, tu le sais ! Elle ne t'aime pas, c'est assez clair. Elle te l'a dit en face : elle ne supporte pas ton regard. Ton regard n'a pas changé que je sache.

— Elle, elle a changé.

— Ah oui ? On se demande bien pourquoi elle a changé. Elle t'a laissé tomber pendant des mois et subitement elle veut t'épouser. Pourquoi ? Pourquoi ? Bon cheval n'a pas besoin d'éperons. Qu'est-ce qui s'est passé pour qu'elle se ravise ? Qu'est-ce qui lui est arrivé ? Peut-être que personne ne veut plus l'épouser. Rôtissons le poulet puisque les oies se sont envolées. Non, Evren, cette fois, elle ne te plumera pas. Tu as donné ta parole à une autre.

— Maman ! Maman…, essaie de comprendre, c'est Derya que je désire.

— Ah, tu la désires ! Là, tu as trouvé le mot, mon pauvre garçon. Oui, tu la désires. Attends un peu, si ça ne tient qu'à cela, je peux t'arranger ton affaire. Je vais te régler ça à la façon de ton père. Hein, Gani ? »

Evren

Elle a quitté la pièce comme une furie, est montée à l'étage en martelant les marches à les défoncer, a claqué les portes. Mon père était aussi éberlué que moi. Il se demandait ce qu'il venait faire brusquement dans cette galère. Ma mère est redescendue, la poitrine haletante. Elle a jeté un grand sachet en kraft au milieu de la table. Mon père a blêmi, il a voulu mettre la main dessus, mais elle s'est récriée : « Bas les pattes, Gani ! Evren, ouvre et sers-toi !

— Laisse ça, s'il te plaît, a murmuré mon père, la main sur mon bras.

— Je te dis de te servir ! » a hurlé ma mère.

Elle m'effrayait, j'ai obéi. J'ai ouvert le sachet. Il contenait cinq ou six cassettes vidéo. J'en ai retiré une. Sur la pochette, une femme nue sautait directement aux yeux, provocante, la langue en extension sur la lèvre supérieure, les mains en coupe sous les seins, les fesses enfoncées dans les talons, une étoile collée entre les cuisses. Au travers de la photo, en turc, en lettres criardes : « Zerrin Dogan dans *Une telle femme*, le chef-d'œuvre absolu du hard turc. »

« Qu'est-ce que… qu'est-ce que c'est ?

— Ce qu'il te faut, Evren ! Tu désires une femme qui ne t'aime pas. Eh bien, en voilà une ! Tu peux t'en mettre jusqu'au cou ! Et il y en a d'autres, toutes du même tonneau. Tu n'as qu'à puiser. Ton père est un collectionneur. »

Là-dessus, elle a vidé le sachet et d'autres Zerrin Dogan ont dévalé sur la table dans des postures plus vulgairement lubriques les unes que les autres.

« Maman, arrête ! C'est dégoûtant !

— Peut-être, pourtant c'est exactement ce que tu veux : assouvir tes appétits. Alors, vas-y, fais-les passer sur des professionnelles, mais cesse de croire qu'on se marie parce qu'on désire une femme. On se marie avec quelqu'un que l'on respecte ! Qui sera la mère de tes enfants, qui sera ta compagne, y compris le jour où tout ce que tu pourrais désirer en elle aujourd'hui tombera en loques. Tu veux voir ce qui reste de moi ? Regarde ! Regarde ! »

Elle a retroussé sa robe jusqu'aux genoux. Ses jambes sont apparues, bleues, couvertes d'un filet de grosses veines qui en avaient fait des morceaux de bois taillés à la serpe. Elle continuait à crier : « Tu as vu ? Tu en veux encore ? » Je ne sais pas jusqu'où elle était capable d'aller. Je me suis enfui dans ma chambre.

Jamais ma mère ne m'avait fait une scène semblable. Je la haïssais. En même temps, je ne pouvais m'empêcher de penser à toute l'eau que j'aurais apportée à son moulin si je lui avais avoué comment Derya s'était offerte à moi dans la salle de bains, et si elle avait pu lire la lettre enflammée que je lui avais écrite.

Le plus terrible, c'était le renfort qu'elle avait été chercher dans les cassettes pornographiques de mon père. Malgré moi, Zerrin Dogan me restait devant les yeux. Son obscène nudité contaminait la nudité de Derya. J'essayais de retrouver ma Derya, mais quelque chose de sale s'était déposé sur elle, que je n'arrivais pas à ravoir. L'innocence, sur laquelle je croyais avoir fondé mon amour, me glissait entre les doigts.

Evren

Qu'est-ce que c'était, cet amour pour Derya qui me dévorait? Ma mère avait collé Zerrin sur Derya et je ne parvenais pas à défaire ce monstrueux appariement. Si encore, dans sa lettre, Derya avait laissé parler son cœur! Mais sa réponse si tardive, je m'en rendais compte, n'était qu'une sorte de formulaire, un visa qu'elle avait tamponné, une licence qu'elle m'accordait. Vraiment, une licence!

Tout vacillait autour de moi. L'homme que je tenais pour l'incarnation même de la justice, mon père, collectionnait les films X. En qui croire après cela?

Le lendemain, il est monté dans ma chambre. Il s'est assis au bord de la chaise, la tête basse.

«À propos de ces cassettes...

— Mais je m'en fiche, papa!

— Je voudrais t'expliquer.

— Ce n'est pas la peine.

— Si, je préfère... Tu vois, j'ai été longtemps seul, j'ai vécu dans des foyers de travailleurs, à Istanbul, puis ici. Rien que des hommes, jamais la moindre femme. Alors, on achetait ces saloperies, tu comprends. Après, on n'arrive plus à s'en défaire. Ça vous colle à l'âme.

— Ça n'a aucune importance, papa.

— Je les avais cachées. Jamais je n'aurais imaginé que ta mère les avait découvertes.»

On est restés un moment silencieux, aussi embarrassés l'un que l'autre. Puis il a ajouté lentement, en cherchant ses mots.

«Entre les hommes et les femmes, il n'y a rien d'équerre, Evren. Ça ne s'ajuste pas. Je me suis souvent demandé si on formait bien une seule et même espèce. On finit par se replier chacun de son côté. On perd son temps à essayer de se comprendre. Il vaut mieux penser à autre chose.

— De toute façon, je suis incapable de penser à quoi que ce soit.

— Je m'en doute bien. Laissons faire les femmes entre elles, ta mère sait mieux que nous comment s'y prendre. Elle m'a dit de faire une lettre pour refuser Derya. Je l'ai laissée écrire elle-même. Je n'aurais jamais trouvé les mots. J'ai signé. »

Il s'est levé et, en sortant, avec une maladresse d'infirme, il m'a posé un baiser sur les cheveux. Il avait les larmes aux yeux. J'ai eu pitié de lui. Nous étions démunis tous les deux. Moi qui valais tellement moins que mon père, j'avais sans doute ce même goût de la volupté en moi. Je n'avais pas su le reconnaître.

Nous avons laissé faire ma mère.

J'ai épousé Yasemin presque sans m'en rendre compte. J'étais résigné à me marier comme un chien à sortir nu-tête. Tout m'indifférait. Et pourtant, c'est cette jeune fille sans prétention, cette âme sans tache qui m'a rendu à la vie.

Maintenant, assis à côté d'elle sur le canapé, la voyant si prompte à s'émouvoir du sort de Derya, à prendre son parti contre sa famille, je sentais mon cœur se rassurer. Quelle femme délicieuse que ma Yasemin, si étrangère aux obscurités de Derya ! Je pouvais compter sur elle, rien de fâcheux n'allait résulter de ce nouveau rebondissement.

J'ai repris ses mains, je les ai portées à mes lèvres.

« Yasemin, comme tu es gentille de te soucier de Derya de cette façon !

— Pourquoi ne m'as-tu jamais parlé d'elle ? Elle m'a dit que vos familles sont brouillées mais, tout de même, tu as vécu chez eux, en Allemagne.

— C'est vrai, j'y suis resté quelques mois.

— Ce sont les parents qui sont fâchés, je suppose. Derya est si douce et elle t'apprécie tellement. Sinon elle ne se serait pas réfugiée ici. Qu'est-ce qui s'est passé ? C'est quoi cette dispute ? »

Jusqu'à ce moment, ni moi ni personne n'avait mentionné ma première tentative de mariage devant Yasemin ou devant sa famille. À quoi bon ? Le jour des noces, à ceux qui s'étonnaient de son absence, mon père avait rétorqué que son frère Murat était souffrant, point à la ligne. Mais, avec l'apparition de Derya, les langues risquaient de se délier. Ma sœur Rana, par exemple, qui s'était prise d'affection pour Yasemin, qui se considérait comme son chaperon, se ferait une joie de fourrer son grain de sel dans nos affaires. De toute façon, je ne voulais pas mentir à Yasemin.

Depuis nos vacances à la mer, depuis qu'elle s'était donnée à moi avec la ferveur incomparable du premier élan, elle m'avait totalement conquis. Non seulement chaque nuit, je me rassasiais de son corps, mais je restais étonné que cette fille dont j'avais fait si peu de cas ait si bien combiné notre union, éloignant par la ruse les importuns de son territoire, nous ménageant une période d'observation mutuelle, avant de libérer au sein même de la nature la puissance sauvage de son premier amour. J'étais ivre. Je ne pensais plus à Derya que par de fugitifs instantanés, pour m'étonner que j'aie pu me laisser enferrer dans une passion tellement illusoire. Vraiment, cet épisode ridicule n'avait plus la moindre importance. Pourquoi l'aurais-je caché à Yasemin ?

« Je vais t'expliquer, Yasemin. Cette dispute, c'est moi qui en suis la cause. Je n'ai pas voulu t'en parler, je pensais que cela n'en valait pas la peine. Je ne voulais pas t'inquiéter pour si peu. Mais maintenant je vais tout te dire parce que je t'aime. Tu sais que je n'aime que toi, Yasemin, tu me crois ?

— Oui, je le sais, mon Evren.

— Eh bien voilà. Avant de te connaître, j'ai voulu épouser Derya.

— Ah...

— C'était une idée complètement stupide. J'étais seul, solitaire depuis toujours, je n'avais jamais connu aucune fille, tu comprends ? Quand j'ai habité chez eux, je la voyais tous les jours, là, devant moi. Je me suis mis en tête que je l'aimais. Après mon stage, j'ai accompagné ma mère à Cologne pour faire la demande en mariage. Mais Derya a repoussé notre offre catégoriquement. Évidemment mes parents se sont offensés de ce refus. Heureusement que Derya s'est montrée plus intelligente que moi, heureusement qu'elle n'a pas voulu, sinon je ne t'aurais pas connue, je me serais affreusement trompé, car maintenant je le sais, c'est toi la seule femme au monde que je pouvais aimer. »

Yasemin avait pâli. Ses yeux me fixaient plus intensément, mais comme s'ils ne me voyaient plus. Elle semblait partie loin de moi, perdue. J'ai pris peur.

« C'est tout ce qui s'est passé, Yasemin. Je me suis trompé. Je n'ai même jamais parlé à Derya. Il n'y a rien d'autre entre elle et moi, rien du tout, je te le jure. »

Vraiment, le bonheur ne tient qu'à un fil. L'instant d'avant, j'imaginais que je devais tout lui dire, à la femme que j'aimais ; j'aurais voulu que rien ne puisse se glisser entre nous, que nous ne formions plus qu'un seul et unique être. Mais dès les premiers mots de mes aveux, je l'avais vue se décomposer. Aussitôt, la gorge serrée, j'avais tenté de minimiser les faits et maintenant je versais carrément dans le mensonge. Tout ce qu'il y avait eu d'autre – la salle de bains, ma passion dévorante, la volte-face de Derya – il fallait l'enterrer le plus profondément possible. Yasemin ne pouvait supporter la vérité.

Une brusque tristesse s'est abattue sur moi. Jamais je ne pourrais rejoindre Yasemin, jamais je ne pourrais me fondre en elle. Yasemin était un ange au cœur transparent, elle me resterait à jamais inaccessible. Moi, j'étais condamné au mensonge.

14

Evren

J'ai laissé Yasemin. Il fallait que je voie Altan, que je sache où se trouvait au juste Derya, ce qu'il comptait faire. J'étais presque content de quitter l'appartement que j'étais tellement impatient de retrouver deux heures plus tôt. Avant de partir, j'ai répété à Yasemin qu'il ne s'était rien passé entre Derya et moi. La vérité n'a pas besoin d'être martelée. Plus je m'appesantissais, plus je me méprisais. J'aurais voulu tout effacer, reprendre à zéro. Oui, j'avais aimé Derya comme un malade, oui, j'avais épousé Yasemin par dépit, avant de découvrir qu'elle était la femme de ma vie. Mais c'était impossible. Trop tard.

Peu à peu, d'ailleurs, Yasemin s'est ressaisie. Elle me regardait comme avant, au prix d'un certain effort cependant, je le voyais bien.

« Je te crois, Evren, je te crois. »

Elle a posé ses doigts sur ma bouche. Il valait mieux que je n'insiste plus si je voulais qu'il lui reste un peu de confiance.

Dans la rue, j'ai fait quelques pas jusqu'à ma voiture. Je me suis adossé contre la carrosserie pour reprendre mes esprits. J'ai allumé une cigarette. Un peu de fraîcheur se mêlait à l'air du soir. Des enfants jouaient en poussant des cris. Par une fenêtre ouverte s'échappait le dernier tube de Sertab Erener. Tout était calme et serein. C'est ainsi : la vie de chacun se déroule dans l'indifférence de toutes les autres. Derya m'avait frappé dans le dos. Pourquoi était-elle venue me relancer ? J'étais occupé à l'oublier. Je commençais à me réconcilier avec moi-même. Le matin, dans la glace, quand je quittais le lit de Yasemin, je me trouvais une bonne tête, ouverte, sympathique. J'allais reprendre mes airs de souffre-douleur, ma tête à claques. Malgré moi, j'étais rejeté du côté de Derya, la reine de l'embrouille. Je lui en voulais mais, en même temps, là, seul, désemparé comme elle-même devait l'être, je m'apercevais qu'elle me faisait vaguement pitié. Après tout, elle m'appelait à l'aide. J'étais ébranlé, inquiet, frémissant comme un chien battu, quand son ancien maître tente de le reconquérir.

J'ai décidé de descendre chez Altan à pied pour essayer de réfléchir. J'avais à peine fait quelques mètres que mes yeux sont tombés sur une plaque minéralogique allemande. Première lettre, K : Cologne ! Une Golf rouge, modèle ancien, cubique. Par le hayon, je voyais que le conducteur avait incliné son siège. Ses cheveux ras et son front dépassaient sur l'appuie-tête. Je me suis avancé sur le côté. Malgré les poils poussés en broussaille sur ses joues, j'ai reconnu Serif, le frère aîné de Derya. Je me suis penché. Il somnolait, mais d'un œil seulement : il a brusquement tendu la tête vers moi. Il s'est composé un sourire, a baissé la vitre.

« Evren ! Quelle chance de te retrouver ! Viens, viens, monte, mon frère ! »

Il s'est courbé vers l'autre portière, l'a ouverte. J'ai pris place à côté de lui. Il avait déjà relevé son siège, il voulait absolument me prendre par les deux mains.

« Comment vas-tu, Evren ?

— Ça va... Et toi, qu'est-ce que tu fais ici ?

— Et ton épouse ? Tu es marié ! On m'a dit dans le quartier que tu étais marié depuis trois mois déjà. C'est magnifique ! Félicitations, Evren !

— Oui, oui, merci. Mais toi, comment es-tu ici ?

— Je suis arrivé tout à l'heure. Les gens m'ont expliqué que tu étais à ton travail. Je t'attendais et, tu vois, je me suis endormi.

— Qu'est-ce qui se passe ?

— Tu ne sais pas ?

— Comment veux-tu que je sache ?

— Allons, Evren ! »

Il me regardait en coin, il hochait la tête, l'air de quelqu'un à qui on ne la fait pas. Tout ce qui restait en lui d'enfantin quand j'étais à Cologne avait été gommé. Ses yeux, en particulier, transparents autrefois, étaient devenus durs comme des billes. Tout semblait ricocher dessus, sans pénétrer.

« Derya est arrivée ?

— Derya ? Qu'est-ce que tu racontes, Serif ?

— Vraiment, tu ne sais rien, Evren ? Ou bien tu

essaies de me bluffer. Attention, Evren, nous savons maintenant que tu es bien capable de cacher ton jeu, tu es loin d'être le petit saint que tu as voulu nous faire croire, mon cher cousin.

— Je t'assure que je ne sais absolument pas de quoi tu parles. »

Mentir, de nouveau mentir ! Protester de ma bonne foi ! Mais comment avouer que Derya était là ? Les yeux de Serif me servaient toute l'ironie que Yasemin par bonheur m'avait épargnée. Il se payait ma tête.

« Bon, bon, allons-y pour un bref résumé de la situation à l'intention des distraits. Donc Derya s'est enfuie de la maison. Nous pensons qu'elle est venue ici. Mon père l'a aperçue dans le train international qu'elle a pris. Destination ? Evren, non ? Je suis venu la récupérer. Tu l'as vue ?

— Moi ? Pas du tout ! Qu'est-ce que c'est que cette histoire ? Qu'est-ce qui s'est passé ?

— Ha, ha, ha ! Sacré Evren ! C'est toi qui demandes ce qui s'est passé !

— Écoute, Serif, je ne suis au courant de rien, je n'ai plus gardé aucun contact avec Derya.

— Aucun contact ! Arrête ! Tu vas me faire mourir de rire. Figure-toi, mon cher Evren, que nous avons lu la lettre que tu as envoyée à Derya, il y a quelque temps. Ce n'est pas un contact, ça ? C'est même moi qui ai fait la lecture devant toute la famille, à table, avec la soupière qui fumait en dessous de la lampe. Tu imagines la scène ? Cocasse, hein ? Maintenant, essaie de te rappeler ta lettre, Evren, malgré ta pauvre tête comme une passoire. Celle où tu expliques vos petits jeux, quand Derya se mettait toute nue entre tes mains. »

Il ricanait. Moi, j'étais poignardé. Comme s'il s'était servi du cran d'arrêt de son père. J'étais sans voix.

« Alors, Evren, ça te revient ?

— Cette lettre... cette lettre était pour Derya, pour personne d'autre. Comment avez-vous osé ?

— Nous sommes les gardiens de l'honneur des femmes, tu devrais le savoir. Nous devons les avoir à l'œil. Le prophète l'a dit : "Aux hommes est reconnu un droit de regard sur les femmes." Comme tu vois, on n'est jamais assez vigilant. Derya a réussi à roucouler avec toi sans qu'on s'en aperçoive.

— Mais il ne s'est rien passé du tout !

— Rien, rien ? Comme tu y vas ! Tu t'amuses avec ma sœur toute nue, tu nous écris une tartine sur ses seins, ses cuisses "façonnées pour le creux de tes mains" si mes souvenirs sont bons, et tu appelles ça rien ! D'accord, tu ne l'as pas violée, nous nous en sommes assurés. Mais c'est peut-être pire encore. Forcer une femme dans un moment d'égarement, mettons que c'est la nature ; ça peut arriver, la chair est faible, Dieu effacera ce péché. Mais vous vous êtes livrés au vice sciemment, sournoisement, comme les infidèles qui ne savent quels jeux inventer pour fouetter leurs instincts dépravés.

— C'est faux ! C'est faux, je le jure !

— Du calme, Evren ! Rassure-toi. Ce n'est pas à toi que nous en voulons. Au moins toi, tu as été pris de remords. Tu as voulu réparer. Tu as demandé

Evren

Derya en mariage. Mais elle s'est entêtée dans la perversion, elle a refusé votre offre. Elle n'a que faire d'un mariage. Alors tes yeux se sont ouverts, tu as compris enfin qui elle était et tu as épousé une fille chaste et pure. C'est normal. Tu n'as rien à te reprocher. C'est Derya que nous devons châtier. Nous l'avons enfermée pour la punir mais, une fois de plus, elle nous a menés en bateau. Elle nous a fait croire qu'elle allait expier ses fautes, qu'elle deviendrait martyre de l'Islam. Au bout de trois mois, elle a faussé compagnie aux frères qui l'avaient recueillie. Et maintenant qu'elle est en fuite, que fait-elle ? Elle pouvait aller n'importe où, mais elle n'a qu'une idée en tête : nous déshonorer. Elle revient vers toi comme une chienne en rut, toi qui en as épousé une autre. Pour elle, c'est encore plus excitant sans doute. Nous allons te protéger contre elle, Evren. Tu ne veux pas qu'elle ruine ton mariage, hein ? »

J'encaissais sans bien comprendre ce que Serif me jetait en vrac à la figure. Ce n'est que plus tard dans la soirée quand Altan m'a répété les choses posément que j'ai tout recomposé. Sur le coup, je saisissais seulement que c'était moi qui avais mis Derya dans ce pétrin à cause de ma lettre insensée. Et pour comble de cynisme, Serif prétendait m'offrir ses services pour l'enfoncer. J'étais censé devenir son complice, la lui livrer, alors qu'elle me demandait de la sauver.

Il fallait d'abord me débarrasser de ce fou furieux. Il m'horrifiait, il m'écœurait.

« Écoute, Serif, je te remercie de te préoccuper de

moi de cette manière, ça me touche beaucoup, mais tu fais fausse route. Derya ne viendra jamais me retrouver. Elle m'a toujours méprisé, elle s'est moquée de moi. Elle ira chercher de l'aide partout plutôt qu'ici. Moi, elle ne peut pas me voir en peinture, je t'assure, c'est la vérité.

— La vérité, c'est qu'elle est possédée du diable. Elle est capable de n'importe quoi.

— Si c'est le diable qui la possède, il n'est pas si sot. Tu dis que ton père l'a vue dans le train. Et elle, elle a vu ton père ?

— Oui, je crois.

— Alors elle a sûrement brouillé les pistes. À chaque gare, on peut changer de train. Elle peut être n'importe où, mais sûrement pas où vous pensez qu'elle est allée. Essaie de réfléchir ! »

Il fronçait les sourcils. J'ai avancé ma main sur son bras en prenant sur moi autant que si j'avais empoigné un serpent. Il a cru à un mouvement d'affection. Il s'est radouci.

« Rentre chez toi, Serif, tu perds ton temps ici. Tu as mangé ?

— Non.

— Tu as de l'argent ?

— Juste pour l'essence.

— Tu dois manger. Et tu ne dois pas refaire tout ce trajet aujourd'hui. Il est trop tard. Tu avais une idée pour passer la nuit ?

— Dans la voiture.

— Tu n'y penses pas ! Je vais t'arranger quelque chose. Démarre ! »

Evren

Je l'ai guidé jusqu'au snack à pitas de Nazim. Je voulais le mettre en confiance. Mon frère ne l'avait jamais vu. Je l'ai présenté. J'ai dit que Serif était de passage.

« Fais-lui un kebab. Tu vas voir, Serif, c'est un champion ! Tu as une chambre pour lui ? »

Nazim a racheté l'immeuble voisin dans lequel il est occupé à aménager des chambres pour étudiant. Je lui ai soufflé à l'oreille que je réglerais tout.

« Bon, alors Serif, à une prochaine ? Peut-être en Allemagne ?

— Quand tu veux... »

Je suis parti. Son sourire sarcastique m'a fait froid dans le dos.

Chez Altan, c'est Sandra qui m'a ouvert. Elle a refermé la porte à clé derrière moi.

« Quelle histoire, quelle histoire, Evren ! Altan en est malade. »

Altan était à table, il terminait son repas face à ses deux petites filles.

« Ah, voilà le cavaleur, le bourreau des cœurs ! Eh bien, c'est pas trop tôt ! Tu peux te vanter de nous avoir mis dans de beaux draps !

— Altani, s'il te plaît, ne t'énerve pas ! a imploré Sandra. Evren, je te mets une assiette ?

— Non, merci, je mangerai tout à l'heure avec Yasemin. Elle m'attend. »

J'ai passé la main dans les cheveux des fillettes pour me faire pardonner d'avoir mis leur père de mauvaise humeur. Elles le considéraient avec effroi, comme si quelqu'un d'autre avait pris sa place.

« Je t'assure que je n'y suis pour rien, Altan.

— À d'autres ! Derya m'a tout raconté, figure-toi. Qu'est-ce qui t'a pris ? Ta lettre ? Ça ne va pas ? Est-ce qu'on écrit à une femme qui vous a envoyé promener ? Avec tous les détails de vos touche-pipi, si j'ai bien compris ! Tu es cinglé ou quoi ? »

J'en avais assez de protester. Yasemin, Serif, et maintenant Altan. De toute façon, ce qui s'était passé avec Derya, personne n'aurait pu l'expliquer. Même pas elle-même, peut-être.

« Et alors, qu'est-ce que tu vas faire ?

— Ce que je vais faire ? Mais, je n'en sais rien. Je pensais que tu...

— Ah non, mon vieux ! Je t'ai dépanné parce que tu n'étais pas là. J'ai sauvé les meubles. Mais c'est à toi que Derya est venue demander secours, pas à moi. Ne va pas me fourrer dans ce bordel ! J'ai une femme, des gosses, une entreprise. Je n'ai pas envie qu'un commando d'illuminés vienne tout bousiller.

— Un commando ? Comme tu y vas ! Jusqu'ici, il n'y a que Serif.

— Quel Serif ?

— Le fils aîné de l'oncle Murat. Je l'ai rencontré tout à l'heure à la Tannerie. Je lui ai parlé. Je lui ai expliqué que Derya ne viendrait jamais ici. Je l'ai emmené chez Nazim. Il passe la nuit et demain matin il repart en Allemagne.

— Nom de Dieu, ce n'est pas vrai ! Nom de Dieu de nom de Dieu !

Evren

— Altani, calme-toi ! Les enfants ! »

Les deux petites étaient prêtes à pleurer. La même grimace fripait leur menton. Sandra les a emmenées. Atlan ne tenait plus en place.

« Les autres vont arriver maintenant, c'est sûr.

— Quels autres ?

— Derya a été chez les islamistes, tu n'es pas au courant ?

— Si, vaguement. »

L'allusion de Serif me revenait à l'esprit. Altan s'est fait un plaisir d'enfoncer le clou : Derya avait été recrutée, elle était restée trois mois dans un centre de formation avant de se rendre compte, de prendre peur, de fiche le camp. Ces gens-là n'allaient pas la laisser dans la nature. Ils voudraient la reprendre avec leurs méthodes plutôt expéditives. Il était paniqué.

« Comment il est, Serif ?

— Normal.

— Barbu ?

— Oui.

— Il en est évidemment. Il va les rameuter. Derya m'a dit que tous ses frères étaient des fanatiques.

— Je te dis qu'il rentre chez lui demain, ai-je répété sans conviction.

— Je le croirai quand ce sera fait. Encore heureux que Nazim ne soit au courant de rien. Nom de Dieu de nom de Dieu... »

Il se frappait les lèvres avec le poing, les yeux rivés à la nappe. Soudain, il s'est arrêté, il a relevé la tête et, sourdement, méthodiquement, il a commencé à m'abreuver d'injures.

« Vraiment, tu n'es qu'un connard, un pauvre type, un crétin... Tu n'as jamais été fichu de te comporter comme un homme. Un mouton, voilà ce que tu es. Déjà, quand tu étais gosse, tu n'arrêtais pas de bêler après maman. Et maintenant c'est juste pareil. Tu te promènes la bouche ouverte, dans l'espoir de happer une mamelle. Tu n'es qu'un chichiteux, un pleurnichard, une couille-molle. »

Il a continué comme ça un moment. C'est le genre de compliments qu'un frère peut servir à son frère. De personne d'autre, on ne le supporterait. Mais le frère, avec qui on s'est griffés, mordus, arraché les cheveux quand on était petits, garde le privilège de vous abîmer le portrait. De toute façon, j'étais hors d'état de lui répondre. Je dérouillais sans broncher, lui donnant raison par la même occasion.

Il s'est tu, sans doute parce qu'il avait épuisé toutes les manières de me dire la même chose que je savais d'avance : que j'étais un type sans volonté, un bouchon sur l'eau, incapable d'aller à contre-courant. Il avait dit un mouton : c'était pas mal trouvé.

On est restés silencieux, comme quand on s'était battus, étant enfants, qu'on retombait chacun de son côté sur le dos, dans la poussière, à recouvrer son souffle, les yeux dans les nuages, avant de changer de jeu. Puis il a repris, sans les mots mais avec le ton qu'il aurait adopté pour s'excuser.

« Derya est chez René, le type des pompes funèbres, plus haut dans la rue. C'est un ami. Il a hébergé les

oncles de Yasemin pour ton mariage. Tu te souviens de lui ?
— Oui, oui. »
Je mentais, je n'avais aucun souvenir de sa présence ni des trois quarts des autres invités.
« Personne ne sait qu'elle est là. Personne n'y songera jamais. René veut bien la garder quelques jours, en attendant.
— En attendant quoi ?
— De la faire partir. Je ne vois pas d'autre solution. Le plus loin possible. En Turquie, à Istanbul ou dans une grande ville où ils ne la retrouveront jamais. Ne compte pas sur moi pour t'aider, Evren. Pour une fois, montre que tu n'es pas une lavette. »
Il a poussé son poing jusqu'à mon épaule par-dessus la table avec une moue désolée. Puis il m'a planté là. Il est passé dans le salon et a allumé la télévision.
Dans le couloir, Sandra m'a rattrapé. Elle a fait tourner la clé dans la serrure, puis quand elle s'est retournée vers moi, elle a chuchoté : « Ce n'est pas vrai que tu es une lavette, Evren. Je le sais. Je te connais, moi. On est pareils tous les deux. La vie est trop carrée pour nous. Les autres, ils foncent ; nous, on se cogne partout. »
Elle a passé un bras derrière ma nuque et m'a attiré contre sa joue. Elle me serrait comme si elle attendait ça depuis longtemps, les yeux fermés, et je sentais le tic-tac de réveille-matin que m'envoyait à travers la poitrine son gros cœur démodé.

J'ai poussé jusque chez René. Je passais souvent devant son établissement autrefois, non loin du terrain de football, quand je jouais au Sporting. Lui-même assistait aux matches dans le temps, puis je l'avais vu quelquefois à des funérailles : un type avec la tête de l'emploi, un peu voûté dans son costume noir, le genre italien, raison pour laquelle probablement un mur de sa maison s'ornait d'une ferronnerie représentant un gondolier.

Il ne me restait qu'à affronter Derya. Ce serait bref. Je proposerais de lui acheter un billet d'avion Luxembourg-Istanbul. J'étais prêt à lui donner ce qu'il faudrait d'argent pour qu'elle se débrouille là-bas.

Je regardais autour de moi, redoutant que Serif n'ait changé d'avis, qu'il ne se soit remis à patrouiller dans sa Golf. Mais il n'y avait pas la moindre circulation.

La nuit tombait. Je suis entré dans la cour de René. Une poignée d'hommes bavardaient doucement devant la porte ouverte du salon funéraire. Une lanterne brillait faiblement au-dessus du seuil. Dans la maison elle-même, il n'y avait rien d'éclairé. J'hésitais. Les hommes s'étaient tus. Instinctivement, je me suis dirigé vers la lumière, je les ai salués, je suis entré.

Au milieu de la pièce, un cercueil était exposé. Quelques personnes l'entouraient, des femmes surtout, dont les plus âgées étaient assises sur des chaises de paille. Sur la gauche, par une porte vitrée, on entendait des voix traînantes, des heurtements de tasses contre les soucoupes. Je suis resté devant le cercueil, ne sachant que faire. En face de moi, sur le mur, une fresque représentait des personnages s'échappant d'un même mouvement léger vers l'horizon. Je pensais à Derya. Où pouvait-elle bien se trouver?

Une femme est sortie de la pièce voisine, m'a avisé et est venue discrètement se recueillir à côté de moi. Après quelques instants, elle a tourné la tête et a murmuré : « Mourir si jeune, c'est bien triste ! Vous la connaissiez ? »

Mon cœur, qui avait pourtant son compte d'émotions, s'est cabré encore une fois. J'ai cru que cette femme, qui me désignait du menton le cercueil, me parlait de Derya. Elle a bien remarqué mon trouble et m'a posé une main maternelle sur le bras. Il fallait couper court.

« René n'est pas là ? ai-je demandé.
— René ?
— Le patron des pompes funèbres.
— Il est passé tout à l'heure. Il doit être chez lui maintenant, à côté.
— Merci. »

Je me suis incliné devant le cercueil. Elle a lâché mon bras en murmurant : « Les êtres qu'on a aimés ne sauraient disparaître de notre vie. Croyez-moi, jeune homme, ils ne nous quittent jamais. »

Il y a des consolations qui ressemblent à des menaces.

Loin des mosquées

Dehors, le groupe des hommes qui bavardaient s'est tu de nouveau sur mon passage. Dans la maigre lueur de la lampe, les bouts rougeoyants de leurs cigarettes brillaient.

J'ai sonné à la porte de la maison. Au lieu de René, est apparu le grand malabar qui fait toujours partie de son équipe de porteurs.

« Bonsoir, je voudrais parler à René.

— Il n'est pas là, m'sieu.

— Il va revenir ?

— Je ne sais pas.

— Je peux entrer ?

— C'est pour quoi ? »

J'avais l'impression que les hommes dans la cour tendaient l'oreille. Mais le type ne semblait pas du tout disposé à me laisser franchir le seuil. Alors, j'ai demandé le plus bas possible si je pourrais voir Derya.

« Qui ça ?

— Derya, la jeune fille turque qui est ici.

— Il n'y a pas de jeune fille turque ici, m'sieu. Je suis tout seul.

— La jeune fille qu'Altan vous a confiée. Je voudrais seulement lui dire quelques mots.

— Pouvez pas lui parler, m'sieu. Y a que moi dans cette maison. Bonsoir. »

Devant la porte fermée, je l'avoue, tout à coup, un immense soulagement a fondu sur moi.

15

Yasemin

Comment regarde-t-on les autres quand tout va bien ? Si une femme est assise en face de l'homme qu'elle aime, devant le repas du soir, qu'il lui parle et qu'elle lui parle, comment le regarde-t-elle ? Ses yeux fixent-ils en permanence ses yeux ? Ou bien se posent-ils parfois autre part sur le visage, sur les lèvres par exemple, quand les mots les agitent, sur les joues, le menton aux prises avec les mimiques ? Leur arrive-t-il de s'évader carrément à gauche, à droite, par-dessus la tête ? Comment cela se passe-t-il ?

Cette question, on ne se la pose jamais jusqu'au jour où l'on se dit qu'il faut absolument regarder l'autre comme si de rien n'était, qu'à tout prix, il faut éviter de laisser paraître le trouble qui s'est emparé de nous, qui comprime nos doigts autour de la fourchette et du couteau, qui transforme les aliments en papier mâché et notre gorge en goulot d'étranglement.

Si mon regard s'attachait à celui d'Evren tandis qu'il me racontait ce qui lui était arrivé quand il était sorti pour aller chez Altan, je me demandais brusquement si je n'appuyais pas trop fort, si je n'aurais pas dû l'éloigner du sien, du moins de temps en temps. Mais qu'en faire alors ? Où reposer mes yeux ? Devant Evren, sur la nappe, ce qui leur donnerait un air songeur, sceptique peut-être ? Derrière lui, sur le poster de la baie d'Izmir collé au mur, au risque qu'il croie que ce qu'il racontait ne m'intéressait pas ?

Et mes paupières ? Combien de fois les paupières battent-elles, disons par minute, pour être dans la norme ? Par moments, je m'avisais que j'avais cessé de cligner depuis longtemps – un picotement qui irritait la commissure de mes yeux m'avertissait – et, pour me rattraper, je me mettais à clignoter comme une cocotte !

Ce qui n'arrangeait rien, c'est que le regard d'Evren dérapait lui aussi. Il luttait pour se conduire comme d'habitude, en bon regard amoureux de sa petite femme. Il y parvenait d'ailleurs, tant qu'il ne s'agissait que de Serif, par exemple, si habilement roulé dans la farine, déjà disposé à regagner ses foyers le lendemain matin. Mais aussitôt qu'il s'agissait d'évoquer Derya elle-même, un voile semblait passer sur sa pupille, comme pour séparer son souvenir de moi, le mettre à l'abri à l'intérieur, dans les replis de son âme. Et, à ce moment-là, la paupière d'Evren, quand elle s'abaissait, se faisait moins vive dans sa flexion et paraissait adhérer un peu sur sa base, avant de s'en décoller avec effort. J'aurais donné cher pour savoir ce qui se passait derrière ce rideau où mon mari se retirait avec son premier amour.

Comme je l'avais mal jugé ! Je l'avais pris pour un

brave garçon, un peu naïf, timide, mal dégrossi. Certainement il ignorait tout des femmes. Quand ma mère était venue adresser avec moi notre demande en mariage, je l'avais vu avec les yeux de la petite fille de dix ans qui jadis avait été malade d'amour pour lui. Je retrouvais sa gaucherie d'adolescent. Rien en lui n'avait changé, sauf la laideur de ses traits qui s'était encore accentuée. Mais j'étais sûre que son âme innocente et belle était intacte.

Dans le marasme où je me trouvais alors, je m'étais accrochée à son innocence comme à ma planche de salut. Sans le savoir, il me sauvait ; je m'étais juré de le sauver à mon tour. J'avais pris mes résolutions. Je le sortirais de sa coquille. Lui qui n'avait jamais connu d'autre femme et qui ne pouvait en espérer aucune, je le comblerais des douceurs de mon sexe. Je le façonnerais. Et moi-même, sans crainte désormais de les perdre à nouveau, je retrouverais les joies de l'amour auxquelles je m'étais abreuvée déjà et dont la soif se réveillait au fond de moi.

Quel orgueil ! Quelle présomption ! Le brave garçon avait déjà une demande en mariage à son actif ! Et il n'avait pas demandé la main d'une inconnue que sa mère lui aurait présentée ! Il voulait une fille chez qui il avait passé des mois, qu'il avait eu tout le temps d'installer dans son cœur. Le naïf, le mal dégrossi avait osé aimer Derya !

J'avais vu Derya de mes propres yeux quelques heures plus tôt, là, devant moi. Fine, racée. Infiniment plus belle que moi. Comme elle n'était vêtue que d'un jean bien ajusté et d'un simple tee-shirt bleu, j'avais pu jauger son corps à loisir. J'ai l'œil des couturières. Inutile qu'une femme passe dans la cabine d'essayage pour que je connaisse sa taille ou son tour de poitrine. J'aurais pu coudre par cœur un écrin pour les jolies formes de Derya, exactement comme si je les avais tenues entre les mains. Ces trésors, Evren les avait épiés, devinés, convoités.

Tout le temps qu'il était sorti avant le souper, mon imagination, malgré moi, n'avait cessé de divaguer. Je me représentais Evren à l'époque de son stage, le soir à Cologne, surveillant en coin Derya qui allait et venait dans la cuisine. Puis seul dans sa chambre à lui, guettant son pas léger dans le couloir, tendant l'oreille à travers la cloison qui le séparait de sa chambre à elle, guettant ses mouvements, le grincement de la garde-robe, de la lingère, le froissement des vêtements qu'elle enlevait, le gémissement du lit où elle se glissait. Il attendait le matin au milieu de rêves fiévreux pour la contempler à nouveau, sans un mot, au déjeuner. Il se brûlait les yeux jusqu'au blanc, au point qu'aujourd'hui, à son seul souvenir, ses paupières devaient longuement les humecter.

Et elle, Derya ? Elle avait refusé de l'épouser. Qu'est-ce que cela prouvait ? Qu'elle ne l'aimait pas ? Comme s'il fallait vraiment qu'on épouse l'être qu'on aime ! La bonne blague ! J'étais bien payée pour le savoir.

Derya aimait Evren. Ça crevait les yeux. Vient-on chercher refuge auprès de quelqu'un qu'on n'aime pas ?

Entre eux, il y avait eu un amour impossible, voilà tout. Un amour impossible, je connaissais ! Pour quelle raison celui-là, je ne pouvais pas le savoir, mais mon cœur se glaçait quand je me remémorais brusquement combien Evren semblait absent dans les premiers temps de notre mariage. On aurait dit que tout l'indifférait. Qu'est-ce qui le rongeait ? Dire que Rana avait voulu me faire des confidences et que je les avais repoussées ! Je me bouchais les oreilles ! Je prétendais ne compter que sur moi. Et maintenant, il fallait que j'essuie seule ce terrible retour de flamme.

« Comment as-tu trouvé Derya ?

— Je ne l'ai pas vue.

— Tu n'es pas allé chez le type des pompes funèbres ?

— Si, mais René n'était pas là et le type qui m'a ouvert – son assistant ou quelque chose de ce genre – a prétendu qu'il était tout seul à la maison. Il n'a pas voulu me laisser entrer. Je n'ai pas insisté. Je suppose qu'il avait des ordres de René.

— Tu n'as pas dit qui tu étais ?

— ... Non »

J'ai pensé : « C'est vrai, qu'est-ce que tu aurais pu dire : le cousin de Derya ? L'ancien fiancé de Derya ?... Son amant ? »

Après tout, peut-être qu'ils avaient fait l'amour ensemble. Derya certainement n'était plus la petite fleur virginale que veulent préserver les parents. Elle avait bien une affaire d'honneur sur les bras. Pas besoin d'aller chercher midi à quatorze heures pour savoir de quoi il retournait : elle se réfugiait auprès de son complice.

Loin des mosquées

« Tout bien réfléchi, je n'ai pas besoin de parler à Derya. Je téléphonerai demain à René. Altan doit avoir son numéro. Je vais proposer à René d'acheter un billet d'avion pour Istanbul à partir de Luxembourg. Dès que je l'ai, on s'arrangera pour la conduire à l'aéroport.
— On s'arrangera ? Qu'est-ce que tu veux dire ? Qui va la conduire ? Altan ?
— Eh bien..., je suppose que ce sera plutôt moi. »
Encore une hésitation, un regard qui déraille. C'est Altan qui allait chercher les gens et les reconduisait à l'aéroport. Il l'avait fait pour mes oncles, mes parents. Il pouvait se libérer beaucoup plus facilement qu'Evren. Alors pourquoi Evren voulait-il tout à coup se charger de Derya ? Pour se trouver seul avec elle, hors de la présence de René et de son assistant ? Hors de *ma* présence ?
« J'irai avec toi.
— Mais non, c'est inutile. Je ne veux pas t'embêter avec cette histoire. »

Au lit, pendant quelques instants, nous sommes restés immobiles, parallèles. Les nuits précédentes, nous nous couchions d'un même mouvement et aussitôt, nous nous refermions l'un sur l'autre comme la corolle d'une fleur nocturne. Dans ce réceptacle, on se caressait sans autre pensée que celle du plaisir qui montait entre nous jusqu'à la pointe aiguë où tout disparaît, le lieu, le temps et même l'autre qui nous y a conduit. Puis, on revenait lentement l'un à l'autre, remplis de gratitude réciproque pour l'éternité qu'on s'était donnée.

Cette nuit-là, il y a eu d'abord cette suspension. Ensuite, quelques caresses, mais des caresses qui demandaient humblement si malgré tout elles étaient les bienvenues. J'y ai répondu, non par désir, seulement pour faire comme si tout était comme d'habitude. Alors la machine s'est mise en marche d'elle-même. Elle connaissait le chemin. Elle nous emportait, mais elle avait pris quelqu'un d'autre en marche. Derya nous accompagnait.

Nous sommes parvenus à destination, quasi soulagés que la démonstration soit faite qu'il n'y avait rien de changé entre nous. Et nous sommes retombés l'un à côté de l'autre, non pas apaisés, mais fourbus et tristes. Plusieurs fois, Evren m'a répété : « Je t'aime, Yasemin. » Et j'ai répondu : « Moi aussi, Evren. » Ce n'était pas un cri de bonheur, c'était une incantation.

Longtemps, Evren n'a pu trouver le sommeil. Sa tête se virait de gauche, de droite sur l'oreiller. Enfin, la fatigue l'a emporté, sa respiration s'est apaisée. Alors j'ai pu pleurer en silence.

D'un seul coup, les larmes que j'avais si longtemps contenues ont jailli de mes yeux. Je retrouvais leur tracé, le réseau qui peu à peu couvrait mes joues comme des saignées d'irrigation soudain désobturées, cet écoulement vaguement poisseux qui dégouttait dans mon cou. J'avais tellement pleuré déjà un an plus tôt dans ma chambre, à l'arrière de la maison, chez mes parents !

Il y a des gens qui peuvent se répandre devant les

autres, qu'on plaint, qu'on réconforte. Moi, j'étais une nouvelle fois condamnée à étouffer mes larmes dans l'oreiller, en prenant soin de les sécher avant l'aurore, de peur que mes yeux rougis ne m'exposent aux questions.

Mon père ne supportait pas le chagrin. Il se levait avec le jour. Il se lavait sous ma fenêtre, à la pompe de la cour, à grands coups d'ablutions glacées. Il crachait, se vidait les narines, s'ébrouait, puis se frictionnait avec une serviette rêche comme une pierre ponce. Autour de lui, les murs se teintaient des lueurs rougeâtres du premier soleil. C'est ce moment-là qu'il aimait, personne n'avait le droit de le lui gâcher.

Rentré dans la maison, il criait après tout le monde. Pour engloutir les concombres, les olives, les petits fromages que ma mère lui avait préparés, il avait besoin de toute sa maisonnée. Il nous dévisageait un à un, à mesure que nous nous levions, avec l'œil triomphant et ironique de ceux qui sont debout avant les autres. C'est qu'il était remonté lui, prêt pour une nouvelle journée vouée à son unique passion, les chevaux. Prière de ne pas lui bousiller son bonheur avec des yeux à la tomate !

Cher papa ! Comme je l'aimais alors ! Comme il me manquait tout à coup, lui que j'avais vu partir sans émoi au lendemain de mon mariage !

Il avalait ses verres de thé en distribuant ses ordres. Tant que mes frères vivaient à la maison, il disait à l'un « Tu feras ceci ! » et à l'autre « Tu iras là ! ». Il pressait ma mère de donner ses propres instructions à mes sœurs. Elle s'exécutait mollement, lui offrant la première contrariété de sa journée et l'occasion attendue de disparaître jusqu'au soir.

Il n'y a que moi qui ne recevais jamais d'ordre ni de mon père ni de ma mère, sûrement parce que j'étais la plus petite, venue au monde bien après les autres, comme par raccroc, destinée à devenir le bâton de leur vieillesse, que je ne serais jamais. Ma seule obligation était d'être gaie. Et longtemps je l'ai été.

On me laissait à l'école. On n'avait pas besoin de mes bras. J'ai épuisé toutes les études qu'on pouvait faire sans quitter l'arrondissement. Pendant ce temps-là, tous mes frères et sœurs se sont mariés. Peu à peu, les chambres se sont vidées. Je suis restée seule dans celle des filles. J'avais mon diplôme de couturière. Pour quoi faire dans notre village? Mon père, quant à lui, n'avait plus d'ordre à donner le matin. Ça le contrariait. Sa voix s'enrouait. Alors il s'est mis en tête de m'en donner.

La belle époque, à jamais disparue! J'ai commencé à panser les chevaux. Mon père revivait à me voir étriller, brosser, éponger. Les chevaux s'étaient tout de suite accoutumés à moi, sauf l'étalon. Dès qu'il sentait ma présence, il chauvissait des oreilles, piaffait, hennissait. Mon odeur de femme lui agaçait les naseaux. «Tout doux, tout doux! Mais quelle mouche l'a piqué?» demandait mon père d'un air innocent. Il savait parfaitement quelle était cette mouche. Une femme dans l'écurie, c'était inédit, mais mon père n'était pas près d'y renoncer. Secrètement, il se félicitait de travailler avec moi. À la fin, ses fils renâclaient. Son autorité leur faisait mal, ils la secouaient de leurs épaules. Il avait découvert l'avantage de s'associer sa fille. Elle fait autant qu'un garçon, sans songer à prendre la place du maître.

Au bout du compte, y a-t-il un seul amour qui vaille celui du père et de sa fille ? Papa s'était détaché de ma mère. Ils se côtoyaient, c'est tout. C'est moi qu'il aimait désormais d'un pur amour, libre de toute convoitise. Dès que j'apparaissais le matin, son visage s'illuminait. Il me choyait. J'avais ma propre selle et ma jument. Ma mère s'offusquait. « Les femmes de notre peuple autrefois chevauchaient autant que les hommes », répliquait-il.

Il admirait nos ancêtres. Il n'avait que mépris pour ceux de ses frères et de ses sœurs qui s'étaient exilés en Europe, loin de nos terres ingrates. Il préférait vivre chichement, mais à sa façon. Car ses chevaux ne lui rapportaient guère. Dès qu'il gagnait un peu d'argent, il le dépensait pour en acquérir de plus beaux.

Pour vivre, nous devions compter sur nos oliviers, même si mon père les négligeait. Le travail de la terre le rebutait. Fendre le sol pour le drainer, tailler, enlever le bois, arracher les broussailles, quelle corvée ! « Le sol fait de l'homme un esclave », répétait-il. Pensée de cavalier, qui répugne à mettre pied à terre.

La récolte, si longue et si pénible, plus que tout, lui pesait. Celle d'octobre, quand on ramasse les olives tombées, il la cédait à qui la voulait pour la moitié des fruits. En décembre, il engageait quelques journaliers. Il n'allait à l'olivette que le soir pour compter les bidons et les sacs. Ça l'ennuyait de surveiller. Il m'envoyait.

Mais moi, comment aurais-je pu surveiller ? Je n'étais qu'une fille au milieu des hommes. Alors je cueillais avec eux.

Il y avait un vieux qui me faisait pitié. À moitié édenté, plus maigre qu'un coucou, les doigts déformés comme du sarment mort. À la fin de la journée, il pouvait à peine se redresser. Je vidais mon panier dans son sac et je lui disais : « Dois-tu vraiment travailler, grand-père ? Tu ferais mieux de rester chez toi pour te reposer. »

Le soir, son petit-fils venait le rechercher. Souvent, il était en retard. Je restais seule avec le vieux assis contre un tronc. On entendait au loin le bourdonnement de sa pétrolette, puis Suleyman débouchait dans les oliviers.

Il sortait de son blouson une casquette en peau de lapin qu'il enfonçait sur le crâne du grand-père et le faisait monter en croupe. Il me souriait.

« À demain ! »

C'était tout. Assez pour qu'on s'éprenne, cependant, non pas directement, mais par ricochet en somme, parce qu'on aimait tous les deux le même vieillard fatigué. Ce n'est pas le visage de Suleyman qui m'est entré dans le cœur – il n'ôtait même pas son casque –, mais la façon si douce qu'il avait de pencher la tête pour presser les boutons du rabat de la casquette sous le cou décharné de son grand-père. Et quand il me disait « Alors, à demain ! », ce n'était pas d'un jeunot qui essaie de rencarder une fille, c'était comme si on se passait le relais de la même affection. Ce vieil homme était pareil à un enfant que nous aurions eu ensemble, comme ça, tout de suite. Tout s'est passé à l'envers entre nous. Le film de notre amour se rembobinait depuis le début et on ne le savait pas. De l'enfant, on est remontés à la conception et après la conception, on est retournés à nos solitudes respectives, comme si on ne s'était jamais rencontrés.

Un matin, le grand-père ne s'est pas présenté. J'ai pensé qu'il était malade ou même qu'à la fin, il avait jeté le manche après la cognée. Je me sentais triste. Cependant, quand le vrombissement de la moto de Suleyman a retenti comme les autres soirs, subitement mon vague à l'âme s'est volatilisé et j'ai compris que ce n'était pas seulement mon vieux compagnon que j'avais craint de perdre.

Suleyman, pour la première fois, a posé sa machine sur la béquille, il a ôté son casque. Grand-père était malade, en effet. Il n'avait pas pu se lever, ou plutôt il avait bien essayé, mais il était retombé sur son lit. La famille était pauvre, d'accord, pas au point tout de même de devoir louer l'aïeul comme manœuvre. Seulement il était trop fier pour accepter de devenir une bouche inutile. Est-ce que je viendrais le voir ? Suleyman m'aurait bien emmenée. Sauf que c'était impensable. Que diraient mon père et ma mère ?

Chaque soir pourtant, Suleyman réapparaissait et il pouvait constater que je l'attendais. Le grand-père allait plus mal. Il me réclamait.

Yasemin

Alors j'ai proposé à Suleyman qu'il vienne plus tôt dans l'après-midi. Je l'accompagnerais à condition qu'il promette de me ramener à l'olivette avant la fin de la journée de travail. Ainsi mon père ne s'apercevrait de rien.

Il est venu. Je suis montée derrière lui sur la moto. Je voulais m'agripper des deux mains à la selle, mais il m'a prévenue que je risquais de tomber. Il m'a pris les poignets, a passé mes bras autour de sa taille et m'a fait croiser les doigts sur son ventre.

« Surtout, laisse-toi bien aller dans les virages ; si tu résistes, nous culbuterons tous les deux. »

La moto s'est élancée et presque aussitôt je me suis trouvée collée contre le dos de Suleyman. L'afflux d'air me suffoquait. J'ai dû poser ma tête de côté entre ses épaules. J'ai fermé les yeux et je me suis laissé emporter, balancer, bercer, comme si j'étais devenue une partie du corps de mon cavalier.

Quand j'ai rouvert les yeux, nous étions arrivés chez lui. C'était un village de Têtes rouges, ces hérétiques que nous ne fréquentons pas. Même les chacals, dit-on, ne voudraient pas passer la nuit chez eux. J'avais le cœur serré, mais la présence de Suleyman me rassurait. Si les autres renégats n'étaient pas plus terribles que lui !

Le grand-père allait mourir, c'est sûr. Les mots déjà si rares auparavant sur ses lèvres ne sortaient plus de sa bouche. Ses yeux ont brillé un instant. Je lui ai baisé les mains. C'était la dernière fois que je le voyais. Il ne m'a plus réclamée.

Malgré cela, Suleyman est encore venu. Il m'emmenait. Mon corps collait à son corps. Nous flottions dans l'espace. Et quand nous nous arrêtions dans un endroit solitaire, à l'abri des regards, je ne pouvais plus m'en détacher.

La nuit de la fête des Têtes rouges est arrivée. La veille, ils établissent un tribunal et jugent les fautes qui ont été commises chez eux pendant toute l'année, car ils pensent qu'on ne peut honorer Dieu aussi longtemps que tous les cœurs ne sont pas à l'unisson. Un homme chez les Têtes rouges doit être maître de sa ceinture : il ne peut gaspiller sa semence avec une étrangère, sous peine d'être banni pour toujours. Suleyman a avoué son péché.

Il m'a tout expliqué. Sans sa tribu, il n'était plus rien. Il m'aimait sans doute, mais comment aurait-il vécu loin des siens ? Ce n'était pas pensable. La moto n'est plus venue. D'ailleurs, c'était la fin de la récolte. Qu'aurais-je été faire à l'olivette ?

Des nuits et des nuits, j'ai pleuré comme je pleurais maintenant. De chagrin d'abord, puis d'épouvante. Qu'adviendrait-il le jour où un homme me demanderait en mariage ? S'il ne supportait pas la vérité, il me renverrait chez mes parents. Quelle désillusion pour mon père qui m'aimait tant ! Je mourrais de honte.

Puis, par un don du ciel, Evren m'a demandée. Il n'y avait pas de garçon plus généreux au monde, je le savais depuis mon enfance. D'abord, j'ai pensé que je lui avouerais tout. Mais, lorsque je suis venue le rencontrer avec ma mère, je l'ai trouvé si désemparé que j'ai résolu de lui épargner cette épreuve. J'ai imaginé mon plan pour qu'il ne sache jamais rien.

Suleyman m'avait abandonnée, il avait péché contre son peuple, il ne pouvait pas m'épouser. Il m'a obligée à me battre pour conquérir Evren. Derya n'avait pu épouser Evren, mais elle l'aimait. Pourquoi serait-elle venue sinon pour se battre ?

La nuit était fort avancée. J'ai séché mes larmes. Elles ne serviraient à rien. Je devais prendre du repos maintenant. J'avais tout compris. Derya m'avait déclaré la guerre. Si elle m'avait approchée avec douceur, c'était par ruse. Mais qui pouvait m'en remontrer en fait de ruse ?

16

Yasemin

Le matin, au réveil, je savais exactement ce que je devais faire. À nouveau, j'ai pu regarder Evren sans me demander où poser les yeux. Lui, son regard continuait à dériver, malgré ses efforts pour paraître normal. Pauvre Evren ! Il avait pensé qu'il pouvait oublier son premier amour. Mais voilà qu'il était revenu comme un chat vagabond qui tout à coup miaule sur le seuil. Tout son être protestait qu'il ne l'écouterait pas mais, au fond de lui-même, il ne pouvait étouffer une petite voix qui susurrait : « Ouvre-lui tout de même, juste une minute, aie pitié... au nom du passé. »

Evren était incapable de se défendre. C'est moi qui le défendrais. Je serais son amazone. Je repousserais Derya de mes flèches. S'il le fallait, je me trancherais un sein pour vider mon carquois. Jamais, jamais Evren ne reverrait Derya. Jamais.

« Je m'occupe du billet d'avion, je le rapporterai ce soir.

— C'est ça, Evren. Plus vite cette affaire sera réglée, mieux ce sera pour nous deux. »

Je l'ai embrassé. J'avais envie de lui planter mes dents dans les lèvres, pour lui rappeler qu'il m'appartenait. Il a senti ma véhémence, il a sursauté, a rejeté la tête en arrière. Il s'attendait à ce que je dise quelque chose. J'ai seulement repris sa bouche une deuxième fois, puis une troisième. Je venais de me représenter avec terreur comment il me répudierait. Selon la loi musulmane, il suffit que l'homme dise à la femme trois fois : «Je renonce à toi», le mariage est rompu. Trois baisers contre trois malédictions. Arrière, Derya, arrière, arrière !

«Va maintenant, sinon tu seras en retard.

— À ce soir.»

La porte était à peine fermée qu'Altan téléphonait. Il voulait parler à Evren, savoir ce qu'il avait décidé avec Derya la veille chez René.

«Il n'a pas pu voir Derya.

— Comment? Qu'est-ce qu'il a fabriqué?

— René était absent, l'homme qui était là ne l'a pas laissé entrer.

— Et alors? Il n'avait qu'à insister! Ah, ce n'est pas possible! Qu'est-ce qu'il compte faire maintenant?

— Ce soir, il rapportera le billet pour Istanbul.

— J'espère, j'espère qu'il le fera!

— Quelque chose ne va pas, Altan?»

Il était nerveux, presque larmoyant. Curieusement, sa voix s'était perchée un ton plus haut, comme s'il avait mué à l'envers, qu'il était redevenu un petit garçon grincheux pendu aux jupes de sa maman ou de sa grande sœur.

Loin des mosquées

«Tu sais que Serif, le frère de Derya, est ici? Il a passé la nuit chez Nazim.

— Oui.

— Eh bien, Evren m'a prétendu hier que Serif repartirait ce matin. Tu parles! Je viens de téléphoner à Nazim. Serif lui a dit qu'il n'y avait pas urgence. Il est allé faire un tour en ville.

— Ah? Écoute, ce n'est pas une raison pour s'affoler.

— Mais il va fourrer son nez partout! Il suffit qu'il tombe sur quelqu'un qui a vu Derya. Elle a dû demander son chemin quand elle est venue chez toi. Et moi, je l'ai emmenée dans ma jeep. Tout ça n'est pas passé inaperçu. S'il apprend qu'Evren lui a menti, Dieu sait ce qu'il est capable de nous manigancer.

— Calme-toi, calme-toi! Les gens ne vont pas se transformer en indicateurs avec le premier venu. Les fouineurs, tu le sais bien, on ne les aime pas beaucoup dans le quartier.

— Ah, Yasemin, ce type, je le sens mal. On est tranquilles ici, jamais d'histoires, pas de bagarre, pas de toxicos, on ne boit même pas. On a peut-être notre quartier à part, mais pépère. Une petite mosquée, sans minaret, pour ne pas nous mettre les gens à dos. Je n'y habite même pas, moi, dans ce quartier. Si je n'avais que les Turcs comme clients, je peux mettre la clé sous la porte. Tout le monde nous apprécie, on est réglo. Toi-même, à peine arrivée, tu as du travail tant et plus comme couturière. Si cet excité vient faire du raffut, tu imagines l'effet! Un type qui kidnappe sa sœur, qui veut la flinguer pour une petite histoire d'amour ! On va tous passer pour des sauvages. »

Altan avait perdu pied. Je l'avais déjà senti quand nous étions chez lui avec Derya, en présence de René. Lui toujours si crâneur se dégonflait à vue. Je m'étais imaginé qu'il m'aiderait à évacuer Derya. Inutile d'y compter. Il me fallait déjà changer mon fusil d'épaule. Je l'ai laissé parler, puis j'ai essayé de le remonter avec quelques bonnes paroles. Evren l'appellerait le soir, dès qu'il rentrerait. Il s'est tu, gêné peut-être de constater que je devais le consoler. Il a raccroché.

Je me suis installée à ma machine à coudre, à côté de la fenêtre ouverte. De nouveau, la journée s'annonçait très chaude. Pas de vent, un ciel vide, très haut, d'un bleu terne, comme évaporé. Je ne cousais pas. J'essayais de réfléchir. Je surveillais la rue. Sûrement Serif allait apparaître. En effet, une petite voiture rouge immatriculée en Allemagne est arrivée. Elle est passée au pas, comme une voiture de police en patrouille. Puis, elle a fait demi-tour et est revenue se garer non loin de l'appartement. Je me suis dissimulée sur le côté, près de la tenture et je l'ai observée.

Au bout d'un moment, Serif est sorti. Il a levé les yeux vers ma fenêtre. Il n'avait pas l'air bien terrible. Sérieux plutôt, grave comme un derviche, satisfait de son personnage comme tous les garçons qui ne savent que faire d'eux-mêmes, qui endossent le premier rôle venu pour arrêter de n'être personne. Si ses mauvaises intentions étaient aussi clairsemées que sa barbe, il ne fallait pas trop se faire de souci. Au fond, lui et moi, nous étions alliés. Je voulais me débarrasser de Derya, il ne demandait qu'à mettre la main dessus. Il devait faire le méchant. Dans les affaires d'honneur, c'est la famille qui désigne l'exécuteur. On tire au sort s'il le faut. Est-ce qu'il avait le cran ? Que se passait-il au juste derrière ce petit front de hérisson à moitié mangé par ses cheveux ras ? Il fallait que je lui parle, que je sache exactement jusqu'où il était prêt à aller. Peut-être se contenterait-il de donner à Derya la peur de sa vie ?

L'appeler, le faire monter à l'appartement : impensable. L'aborder dans la rue ? Autant convoquer à leur balcon toutes les femmes du quartier ! J'ai griffonné un mot sur un bout de carton. Je suis descendue. De toute façon, j'avais des vêtements à porter à un tailleur de la grand-rue.

Dès qu'il m'a vue sortir de l'immeuble, il s'est replié dans sa voiture. Quand je disais un hérisson... La vitre cependant était abaissée et, en passant à sa hauteur, j'ai jeté le carton.

« Je suis Yasemin, la femme d'Evren. Je descends chez Nazim. Si tu veux parler, viens chez lui. »

Nazim venait d'ouvrir, mais il était trop tôt pour qu'il y ait des clients. Derrière le comptoir, Ajda, sa femme, préparait des salades. Elle m'a souri, elle a appelé Nazim à la cuisine. Elle est kurde, elle ne parle pas turc et moi pas assez de français pour avoir une conversation avec elle.

J'ai expliqué à Nazim que j'avais rendez-vous avec

Serif. Altan l'avait enfin mis au courant pour Derya quand il lui avait téléphoné le matin.

« Tu vas lui dire où est Derya ?

— Non... Non, bien sûr. »

À vrai dire, j'y avais pensé, sans trop me l'avouer, tout le temps que je parcourais la grand-rue.

« N'aie pas peur de Derya, Yasemin. Evren s'est trompé sur son compte. C'est toi qu'il aime. Tout le monde le dit dans la famille. Tu nous l'as changé, on n'en croit pas nos yeux. Même qu'on en rigole. Il est fou de toi.

— C'est gentil, Nazim.

— Je n'aime pas Serif. Ces illuminés, je ne peux pas les piffer. Hier, il a trouvé le moyen de me demander pourquoi j'avais épousé une alévi. De quoi je me mêle ? Moi je me fiche de la religion et Ajda pareil. Je l'ai assez vu. Si tu peux, essaie de le faire décamper au plus vite.

— D'accord. »

Serif est arrivé. Nazim est retourné à la cuisine sans lui adresser la parole. Ajda a continué à s'activer comme si personne n'était entré. Je buvais un Coca-Cola au fond de la salle, derrière un pilier. J'ai demandé à Serif s'il prenait quelque chose.

« Non, rien.

— Assieds-toi tout de même. »

Il s'est assis sans mettre les pieds sous la table, de travers. Il me regardait en biais.

« Alors, c'est toi Serif ? Tu cherches ta sœur, paraît-il.

— Oui.

Loin des mosquées

— Une affaire d'honneur ?
— Exact.
— Qu'est-ce qu'elle a fait au juste ?
— Je ne peux pas te le dire.
— ... Sexe ?
— C'est ça. »

La languette de peau qui lui servait de front est passée au rouge. Le mot le gênait sans doute, plus encore prononcé par une femme. Bien sûr, une question me brûlait les lèvres.

« Sexe avec Evren ? »

Le rouge a gagné l'ourlet de ses oreilles. Il est resté un moment tête basse, comme s'il consultait ses chaussures.

« Il ne s'agit pas d'Evren, rassure-toi. »

Peut-être suis-je devenue aussi rouge que lui. Mon cœur venait de basculer de l'ombre au soleil. Inespéré, le soulagement réchauffait mon cœur glacé. Aussitôt, j'ai eu envie de sauver Derya.

« Pourquoi crois-tu que ta sœur est ici ?
— Parce que c'est une chienne. »

C'est ce qu'on appelle raisonner chez les gens de la sorte de Serif. Tout repose sur un principe élémentaire : la femme est une bête. Aussi longtemps qu'on la tient en cage, on peut contrôler son comportement. Si elle s'échappe, elle devient imprévisible. C'est une chienne. Une chienne errante, capable de tout. Son impudence est sans limite.

Brusquement, la pensée m'est venue que, si Serif avait pu savoir ce que j'avais vécu avec Suleyman, il m'aurait décoché le même regard méprisant, la même insulte serait tombée de ses lèvres dégoûtées. Derya et moi, nous étions de la même race vicieuse, qui brise sa laisse pour aller battre la campagne.

Je ne pouvais haïr Derya sans me ranger aux côtés de Serif, sans me haïr moi-même. Elle n'était pas mon ennemie. Mon adversaire seulement. Qu'elle fiche la paix à Evren et je ne penserais plus à elle. En tout cas, c'était décidé, jamais je ne me servirais de Serif contre elle.

« Derya n'est pas ici, tu peux me croire.

— Ah... Mais peut-être qu'elle viendra.

— Si elle vient, on t'avertira. Tu perds ton temps. Rentre chez toi.

— Qui m'avertira ? Notre bon Evren sans doute ? »

Son ironie m'atteignait comme une gifle. Non seulement, il considérait Evren comme une mauviette, mais il m'en prenait à témoin.

« Non, pas Evren, c'est moi qui t'avertirai.

— Tiens, tiens... »

Ricanement complice. Je lui aurais arraché les yeux. Mais j'ai souri pour lui faire croire que j'entrais dans son jeu.

« Laisse-moi ton numéro de téléphone. »

De sa poche, il a sorti un portable dernier cri.

« Dis donc ! Tout neuf ?

— Oui. »

Un vrai gamin, fier de son joujou. Il a fait apparaître le numéro sur l'écran. Peut-être que si on l'avait placé comme vendeur dans une boutique de téléphones, il aurait oublié de devenir un assassin.

J'ai déposé les vêtements chez le tailleur. Sur le chemin du retour, je n'ai pu m'empêcher de faire un crochet par la rue des Remparts. Je me suis arrêtée devant l'établissement de René. À côté de l'entrée, planté sur le muret de la cour, il y a un panneau sous verre. On peut y lire les annonces des décès dont il s'occupe. Un avis informait de la présence de Dion Séverine dans le salon funéraire, morte accidentellement à l'âge de vingt et un ans. Visites souhaitées l'après-midi. Veillée jeudi à dix-neuf heures. Debout devant le tableau, je lorgnais la maison. Pas le moindre signe de vie. À gauche, au-dessus des portes de l'annexe qui s'appuie au bâtiment principal, un fanal seulement était allumé malgré le plein jour.

Jusqu'alors j'étais passée une ou deux fois à cet endroit, distraitement sans prendre attention à la ferronnerie accrochée au mur, représentant un pêcheur dans sa barque. S'il y a bien une pensée qui m'était étrangère depuis mon mariage, c'était celle de la mort. J'étais trop occupée à vivre. Pourtant, chaque jour, la mort monte dans sa barque, elle la pousse à la gaffe sur les eaux de la vie, puis elle jette son filet. Elle ramasse les vieux poissons trop las pour s'échapper et parfois les jeunes, inconscients du danger. Les épargnés, elle s'en bat l'œil. Ils ne perdent rien pour attendre. Gobergez-vous ! Tandis que je me pâmais dans les bras de Suleyman, elle ferrait froidement son grand-père. Sûrement elle ne manœuvrait pas moins sur la mer agitée de mon bonheur conjugal. Sur le mur de l'annexe, le funeste esquif semblait faire route vers la demeure de René elle-même, là où se cachait Derya. L'idée de la mort de Derya m'a traversée malgré moi. À peine un serrement de cœur... Une délivrance. Je l'ai secouée avec horreur.

Tout le reste de la journée, j'ai cousu. J'aurais pu aussi bien me coudre la main. Mon esprit était ailleurs. Je ressassais les paroles de Serif : elles ne m'apaisaient plus.
« Il ne s'agit pas d'Evren. »
Qu'est-ce que cela signifiait au juste ? Peut-être simplement que Serif ne s'occupait pas d'Evren, quoi qu'il se soit passé entre lui et Derya. Dans les affaires d'honneur, les hommes ne sont jamais en cause. Pauvres victimes de la chiennerie féminine ! Ne m'étais-je pas jetée tête baissée dans l'apaisement que mon cœur appelait de tous ses vœux ? Ah ! que Derya s'en aille !

Quand Evren est rentré, ma première question a été pour le billet d'avion. Il le tenait en main.
« C'est pour quand ?
— Vendredi à onze heures cinquante. Après-demain. Je vais aller prévenir René et Derya tout à l'heure.
— N'y va pas, Evren !
— Il faut les mettre au courant tout de même !
— Téléphone, mais n'y va pas !
— Pourquoi ?
— J'ai vu Serif ce matin.
— Il n'est pas encore parti ?

— Non.
— Il a osé venir ici ?
— Non, je l'ai rencontré chez Nazim. Il n'était pas du tout prêt à repartir.
— Qu'est-ce qu'il lui faut à la fin ?
— Je lui ai dit de s'en aller, moi aussi, mais je crois qu'on ne pouvait pas plus mal s'y prendre. Tu l'as incité à rentrer chez lui, Nazim lui fait comprendre qu'il ne peut pas l'encadrer, moi je reviens à la charge. C'est exactement ce qu'il ne fallait pas faire. Plus on insiste, plus il trouve ça louche, c'est logique. Je suis convaincue qu'il ne partira pas avant d'avoir déniché Derya. Il n'est peut-être plus chez Nazim, mais je suis prête à parier qu'il est planqué quelque part en ville. Ne va pas chez René, Evren, je t'en supplie. Serif m'a dit que si tu lui avais menti, il te ferait d'abord la peau avant de s'occuper de Derya. J'ai peur, j'ai peur, Evren. »

Je me suis précipitée dans ses bras comme une petite fille effrayée qui le suppliait, tout vaillant qu'il soit, de ne pas jouer au héros. Il m'a serrée longuement, il me tapotait le dos en murmurant : « Allons, allons, je suis là. » Je l'ai regardé avec reconnaissance.

« C'est d'accord, je vais demander le numéro de René à Altan.
— Dis plutôt à Altan de le prévenir lui-même. Ils sont amis, toi, tu ne le connais pas.
— Tu as raison. »

Je suis passée à la cuisine pour servir le repas. J'ai entendu qu'il parlait à Altan. Quand j'ai apporté la soupière, il était plongé dans ses pensées, le téléphone encore à la main.

« Altan s'en occupera.

— Tant mieux ! Si tu savais le poids que tu m'ôtes du cœur !

— D'un autre côté, Nazim a dit à Altan que Serif était reparti en Allemagne.

— Ne le crois pas, Evren. Serif est un fieffé menteur. Il nous joue la comédie. Dans cinq minutes, il peut se ramener dans la rue, un couteau entre les dents. »

Je l'ai enlacé par-derrière, ma joue collée contre sa joue.

« Reste avec moi, Evren, je n'ai que toi. »

Je l'ai embrassé. Il tendait le cou, j'y ai passé doucement la main, je l'ai glissée par l'échancrure de sa chemise. Toute la nuit, je me suis accrochée à lui, à corps perdu, comme une suppliante.

Le matin, après son départ, je n'ai pas pu travailler. La tête me tournait. Je me suis recouchée. Je ne savais plus où j'en étais. Les mensonges que je ne cessais d'ajouter aux mensonges tournoyaient en moi. Mais comment faire ? Je n'avais pas d'autre arme pour me battre.

À dix heures, j'ai mis le billet d'avion dans mon sac et je suis sortie. Quand je suis passée devant son snack, Nazim m'a aperçue. Il m'a appelée. Serif était parti la veille après que je lui avais parlé.

« Bon débarras, ma petite Yasemin !

— Il rentrait en Allemagne ?

— Oui. Il m'a même taxé d'un plein d'essence. Il en avait sa claque d'attendre. "De toute façon, si Derya se pointe, on m'avertira", qu'il m'a dit. "C'est ça!" j'ai répondu. Comme si on mangeait de ce pain-là, nous autres. Compte là-dessus et bois de l'eau! Et qu'on ne le revoie jamais, ce sale vautour! »

À quelques pas de chez Nazim, il y a un salon de beauté. Presque chaque jour, je passais devant la vitrine remplie de visages de femmes rayonnantes. Je me suis arrêtée. J'ai poussé la porte. Une fille en tablier blanc m'a emmenée dans une cabine. J'ai enlevé mon foulard, j'ai fait comprendre que je voulais un soin du visage. Elle m'a posé un masque, puis m'a épilé les sourcils et m'a maquillée. Je me suis regardée dans la glace, je me trouvais très belle. Assez pour affronter Derya.

Chez René régnait le même calme que la veille. Le fanal sous le pêcheur perçait mollement la lumière du matin. J'ai sonné. J'ai entendu des pas. Le rideau de la fenêtre à gauche de l'entrée s'est légèrement agité. L'instant d'après, la porte s'est entrouverte. Derya m'a fait entrer.

« Quelle surprise, Yasemin! Comme c'est gentil de venir me voir!

— Je t'apporte le billet d'avion.

— Quel billet?

— Le billet pour Istanbul, demain à onze heures cinquante.

— Ah... Viens, viens, ne restons pas là. »

Elle n'avait plus son jean, mais une petite jupe et un chemisier à courtes manches. Sur la poitrine était brodé un dauphin. Sa chair nue, qui n'avait pourtant pas vu le soleil depuis longtemps, était colorée et veloutée comme un abricot. Ses cheveux ramenés sur la nuque dégageaient un visage si apaisé que je reconnaissais à peine la fille venue chez moi quatre jours plus tôt.

Elle a voulu absolument faire du thé.

« Que disais-tu à propos d'Istanbul ?

— Evren a acheté le billet, tu pars demain matin, tu n'es pas au courant ? »

Faisait-elle semblant ou Altan n'avait-il pas encore averti René ? Les mots sortaient difficilement de ma bouche, comme si chacun devait sauter un obstacle. C'était le rouge à lèvres peut-être, mais plus sûrement encore les choses désagréables auxquelles il fallait que je vienne.

« Je suis venue te l'apporter moi-même parce que je ne veux pas que tu revoies Evren, Derya. Jamais plus. Nous t'offrons le billet. Essaie de te débrouiller pour te rendre à l'aéroport. Demande à Altan. S'il n'est pas libre, arrange-toi avec René. Mais Evren, tu ne dois plus le revoir. »

Elle tournait sa cuiller dans son verre sans me regarder.

« J'ai appris ce qui s'est passé entre toi et Evren. Il voulait t'épouser. Pourquoi ne me l'as-tu pas dit ?

— Je ne voulais pas te faire souffrir.

— Comme c'est délicat de ta part ! Je te remercie ! Pourquoi ce mariage ne s'est-il pas fait ?

— C'est moi qui n'ai pas voulu.

— Pourquoi ?

— Ce n'était pas pensable. »

Pas pensable ! Ça ne s'invente pas comme mot ! Exactement celui que Suleyman avait utilisé pour m'envoyer sur les roses. Il était désolé. Je pleurais, je le suppliais, je me traînais à ses pieds, je voulais le prendre par les genoux.

« Et Evren le voulait, lui ?
— Oui.
— Il t'a suppliée ? Il pleurait, il était désespéré ?
— Il me l'a écrit.
— Quel effet ça te faisait ?
— Si tu veux la vérité, aucun. Ça m'agaçait. Je regrette, Yasemin, mais c'est ainsi. »

« Arrête de pleurnicher, me répétait Suleyman, ça t'avance à quoi ? C'est ridicule à la fin. » Mon cœur partait en morceaux.

J'avais cru que Derya aimait Evren. Elle ne l'avait jamais aimé, pas plus peut-être que Suleyman ne m'avait aimée. Il y a des êtres à qui tout est dû, qui se servent des autres puis les jettent quand ils n'en ont plus besoin. Derya et Suleyman étaient de cette espèce. Des sultans. Evren et moi, on était de l'autre, les petits dont on suce la moelle, puis qu'on laisse tomber de la table pour le chat.

« Qu'est-ce qui te déplaisait chez Evren ?
— Je ne l'aimais pas, Yasemin, c'est tout.
— Il n'a pas pu s'imaginer qu'il pouvait t'épouser comme ça, sans raison. Qu'est-ce que tu lui as fait ?
— … Ce que j'ai fait, je ne peux pas te le dire. Je n'aurais pas dû peut-être. Un moment d'égarement, de ma faute. »

Donc ils avaient couché ensemble. Je le savais de toute façon. Mais est-ce que ça compte pour les sultans?

« Evren est un bon garçon, je n'en doute pas, Yasemin. Il te convient très bien, j'en suis certaine. Tu dois le combler, gentille et élégante comme tu es. »

Elle m'a toisée avec ironie des pieds à la tête. Avec ma tunique jusqu'aux genoux, mon foulard, mon visage absurdement fardé, elle me prenait pour une demeurée. Evren était juste bon pour une paysanne exportée d'Anatolie dans son emballage. Mais elle, la lycéenne allemande aux cuisses nues, elle attendait autre chose. J'étais humiliée comme je ne l'avais jamais été. Je ne pouvais supporter de rester plus longtemps.

« Demain, onze heures cinquante à Luxembourg. N'oublie pas que ton frère Serif est ici, il te cherche, tu sais ce qui t'attend s'il te trouve.

— Serif est reparti hier dans la matinée. Altan a téléphoné à René. Ce matin, ils en ont encore parlé. Il paraît que c'est même toi qui as fait partir Serif. Pourquoi me mens-tu? »

Elle me poignardait. Personne ne m'avait jamais accusée de mentir. J'étais dans le couloir. Je fuyais. Le pavé me brûlait les pieds. En ouvrant la porte, elle m'a fourré le billet d'avion dans les mains.

« Reprends ça, Yasemin. S'il n'est pas remboursable, préviens-moi. Ne t'occupe plus de moi. Je m'arrangerai avec René. »

À la maison, je me suis lavé le visage avec un gant

de crin, à m'arracher la peau. J'aurais pu me passer d'eau tellement je pleurais. Ensuite, j'ai pris le téléphone. J'ai tapé sur le clavier : « Derya ici, 5, rue des Remparts, seule avec un homme. » J'ai formé le numéro de Serif. J'ai hésité une seconde, puis mon doigt s'est enfoncé avec rage sur la touche « Envoi du message ».

17

René

J'avais beau avoir vu Derya les jours précédents dans la garde-robe de Christel, ça m'a fait un choc de la trouver en tennis blanches, avec la petite jupe et le tee-shirt bleu barré du dauphin de la section natation du Sporting. Elle était dans la cuisine, levée avant Marcel et moi, occupée à verser de l'eau dans le percolateur. Elle s'est retournée.
«Bonjour, René... Ça va?»
Malgré moi, je la détaillais. Elle a baissé les yeux vers le tee-shirt.
«Je pouvais?
— Oui, bien sûr.»
Le premier jour, je lui avais dit qu'elle n'avait qu'à choisir ce qui lui plaisait. Par la suite, je lui avais expliqué que c'étaient les vêtements de la sœur de Marcel, envolée depuis belle lurette sans laisser d'adresse. Dans son esprit, sans doute, Christel était une jeune fille de son âge. Même taille par chance, goûts un rien excentriques. Ce que Christel représentait pour moi, comment y aurait-elle pensé, vu que moi elle me voyait avec vingt ans de plus, totale-

ment déclassé dans le rôle du soupirant d'une fille en minijupe ? De mon côté, je n'avais pas l'intention de lui faire l'historique de ma carrière amoureuse. J'écopais les coups que mon cœur m'expédiait à usage strictement interne sous prétexte de me rappeler la première fois où Christel m'était apparue dans cette tenue. Ce jour-là, ses bras, ses jambes, ces lettres en houle sur sa jeune poitrine m'avaient mis dans un état pas possible. La nuit, j'avais sauté le pas. J'avais gratté à sa porte et elle m'avait laissé entrer. L'ivresse de ces moments me remontait à la tête, suivie sur les talons de l'affreuse gueule de bois par quoi tout cela s'était soldé.

J'ai pris place à table. Marcel est descendu à son tour. Il s'est penché sur la joue de Derya qui me servait le café et, comme les matins précédents, il a dit affectueusement : « Bonjour, mam' Columbo ! » Quand Marcel tient une plaisanterie, il ne s'en lasse jamais.

La veille au soir, Altan m'avait téléphoné. Il avait retrouvé toute sa voix. Il barytonnait presque. D'abord, il tenait à me rassurer : le frère de Derya était reparti. Une belle épine hors du pied ! Le jour où ce zigoto avait débarqué, il n'en menait pas large. Il m'avait averti. À croire qu'un kamikaze bardé d'explosifs allait nous péter à la figure ! Maintenant il respirait. C'était Yasemin qui avait convaincu Serif de plier bagage. La brave petite ! Altan lui aurait baisé les pieds. Elle aurait pu en vouloir à Derya vu qu'elle était maintenant au courant des frasques d'Evren. Eh bien, non, c'est elle qui la sauvait. Comme une sœur. Qu'est-ce que je disais de ça ? On peut bien raconter que les bonnes femmes entre elles ne pensent qu'à se chercher des poux, en voilà une qui faisait exception. On lui devait une belle chandelle.

La bonne nouvelle, je l'avais aussitôt transmise à Derya. Mais j'avais passé sous silence ce qu'Altan avait ajouté d'un ton plus soulagé encore : Evren avait rapporté un billet d'avion de Luxembourg. Décollage le surlendemain, vendredi, onze heures cinquante, destination Istanbul par Zurich. Derya allait pouvoir partir. Tout ce cinéma pour la cacher serait enfin fini. Plus que deux nuits et un jour, et je serais tranquille. Moi aussi, je leur avais rendu un fier service.

« Qui la conduira à Luxembourg ?

— Qui ? Pas moi, en tout cas, René. J'ai assez donné. De toute façon, je suis sur un chantier urgent. Je risque des indemnités de retard si je ne respecte pas les délais. Evren n'a qu'à se bouger.

— Evren ? Tu crois vraiment ?

— Il pourrait se remuer un peu, non ?

— Écoute, je veux bien m'en charger si ça peut vous dépanner.

— Tu ferais ça ? Vraiment, tu es un frère, René. »

Qu'est-ce qui m'avait pris de proposer de conduire Derya à l'aéroport ? Pour lui éviter Evren ? Maintenant qu'elle se sentait en sécurité chez moi, j'avais deviné qu'elle aimait autant ne plus le revoir. Le mardi soir, il était venu pour la rencontrer. Du palier où elle se dissimulait, elle avait reconnu sa voix.

Marcel avait rembarré Evren. Elle n'avait pas bougé. Après, devant moi, elle avait remercié Marcel.

Que ce soit pour cette raison ou pour une autre, sur laquelle je ne voulais pas m'interroger, le problème restait le même : vendredi matin, j'avais des funérailles, je ne pouvais pas me rendre à Luxembourg. C'était une incinération. Après l'office, je devais me rendre au crématorium de Liège, attendre deux heures, le temps de la crémation, de la réception des cendres. Bref, j'en avais pour la journée.

Une bonne partie de la nuit, je suis resté à me demander comment me sortir du pétrin où je m'étais précipité moi-même. Il est vrai que, les autres nuits, je n'avais guère dormi davantage. J'étais dans ma chambre, mais je ne songeais qu'à la chambre de Christel à nouveau occupée. Ni bruit ni lumière. Pourtant elle irradiait comme autrefois lorsque, rentrant avec le patron d'une mise en bière nocturne, je guettais sa fenêtre, lorsque pour ainsi dire je sentais la pression du plafond sur mes épaules dans le salon où son père me tenait la jambe à n'en pas finir, lorsque, devant la porte, je pressais la main sur ma poitrine, persuadé que le couloir résonnait du martèlement de mon cœur. À nouveau, la maison vivait, comme une montre morte dans laquelle on avait replacé une pile. La présence de Derya vibrait comme un quartz.

Depuis son arrivée, je n'avais passé que quelques heures en sa compagnie, le soir. À cause de la canicule, mes abonnés de la maison de retraite tombaient comme des mouches, encore qu'avec une certaine discipline, aurait-on dit. Ils prenaient la file, la morgue n'avait été qu'à une seule occasion occupée par deux cercueils à la fois. Chaque jour, j'avais des funérailles. Comme si les vieux ne suffisaient pas, une jeune fille de vingt ans qui venait de se rompre le cou retour d'un dancing reposait dans mon salon funéraire. C'est elle qu'on allait incinérer.

Avec Derya, je pensais que la conversation se réduirait à quelques banalités style Assimil. Mais finalement, elle ne s'en sortait pas mal du tout en français. Je ne lui posais pas trop de questions. Ce qu'il lui était arrivé, la petite culbute avec le brave Evren, ça ne me regardait pas. Et même j'en aurais plutôt souri. Un jour ou l'autre, il faut bien se jeter à l'eau et, la plupart du temps, on commence par boire la tasse.

Elle aussi voulait rester discrète. Ma profession, comme de juste, l'intriguait. Comment cela s'appelait-il en français ? Je ne voulais pas lui répondre « croque-mort ». Cette morsure mystérieuse m'embarrassait. Alors, j'ai dit « passeur ».

« Passeur ?

— Oui, je fais passer les morts d'un monde à l'autre. Comme Charon. Tu connais Charon ?

— Oui.

— Tu l'as remarqué sur le mur du salon funéraire ? Eh bien, tu vois, je fais comme lui, j'emmène les gens vers une autre vie, pas forcément pire que celle-ci. Ce n'est pas un mauvais métier. »

Elle aussi, j'allais lui faire quitter son ancienne vie

pour une nouvelle. Je pense qu'elle l'a bien compris. Elle a souri.

Elle tenait absolument à se rendre utile. Elle avait pris possession de la cuisine. Marcel lui avait communiqué l'immuable agenda des menus de la semaine. Pendant qu'elle s'activait, il s'offrait une rallonge de cassettes. Elle réussissait tout, en plus épicé. Je la suivais du coin de l'œil. J'avais oublié la grâce de la ménagère qui, les mains derrière le dos, sangle son tablier, qui mire un verre devant la fenêtre ou souffle sur la cuiller pour goûter le potage.

L'idée que Derya prenne la relève de Christel n'aurait jamais osé s'introduire en moi. Derya n'était pas Christel. Derya, était-ce même Derya, et pas plutôt la femme, l'être humain sous sa forme aimable qui réjouissait mes yeux fatigués des autres formes que leur offraient ma clientèle ou mon miroir? Quand je l'observais ainsi dans la cuisine, le seul sentiment que j'identifiais clairement en moi, c'était de l'indignation, parce qu'elle avait été enfermée pendant des semaines, des mois. Pour comble, j'étais obligé à mon tour de la loger entre quatre murs.

Quelques mois avant sa mort, le père de Christel s'était mis en tête d'élever des poulets. Il avait bricolé une cahute entourée d'une clôture au fond du jardin. Après deux jours, les cinq premiers pensionnaires gisaient sur l'herbe séparément de leur tête. Séance tenante, il en avait racheté cinq autres et un piège à bascule que j'étais chargé de relever. Un matin, j'y avais trouvé une belette. Elle me fixait avec terreur, pressentant que j'allais lui faire passer le goût de la volaille. Je l'ai emportée sur le terrain vague du ferrailleur, qu'Altan devait acheter plus tard. J'ai ouvert la porte. La bête restait coite, elle s'attendait à y passer dès qu'elle mettrait le museau dehors. Puis la liberté a été la plus forte. Elle a bondi, a fait quelques dizaines de mètres à travers les carcasses de voiture et s'est arrêtée, étonnée d'être encore en vie. L'étincelle de ses yeux à ce moment-là valait bien les risques et périls des cinq suppléants.

Cette petite flamme, j'aurais voulu la retrouver dans les yeux de Derya avant de la laisser partir. J'aurais voulu la voir s'élancer à l'air libre, reprendre vie comme ma belette, qui zigzaguait follement à travers les débris de la casse. Est-ce que je pouvais vraiment transférer sans plus Derya de ma voiture à la porte d'embarquement de son avion ? Des vols, il y en avait tout le temps. Elle pourrait prendre un autre avion. Je paierais le billet. Quelle importance ? Avant cela, je voulais la voir dehors, au soleil, allant et venant, heureuse comme une fille de son âge.

Je me suis endormi sur ce rêve.

Tandis que je buvais mon café, j'ai fait la leçon à mon cœur : qu'il me fiche la paix avec Christel ; qu'il s'occupe de Derya. La jupe, le maillot au dauphin, elle les avait choisis comme un avant-goût de la liberté à laquelle elle aspirait. Elle n'attendait que ma proposition.

« Derya, j'ai pensé à quelque chose. Maintenant que le danger s'éloigne, ça te plairait d'aller faire un tour, un jour ou deux, dans un endroit tranquille ? »

Elle a froncé les sourcils, pas sûre d'avoir compris sans doute.

« Quelques jours de vacances, Derya. *Ferien?* »
Son visage s'est éclairé.
« Oui, bien sûr !

— Je ne pense pas que ton frère reviendra. Par prudence, il vaudrait mieux ne pas sortir encore aujourd'hui et peut-être demain. Mais samedi, on pourrait partir. Je n'ai pas de funérailles, ça nous laisse le week-end et même le lundi si on veut. On pourrait aller en Allemagne, en Forêt-Noire, je connais bien.

— En Allemagne ? Mais...

— C'est le meilleur endroit. Jamais ton frère ne pensera à te chercher en Allemagne. »

Elle m'a souri. Bien joué ! On se comprenait parfaitement tous les deux.

Marcel et moi, nous sommes partis pour la journée. Le soir, quand on est rentrés, Derya avait dressé la table au jardin. On aurait pu nous voir des étages des maisons de l'autre côté du mur d'enceinte. Mais je ne pensais plus qu'à mon escapade en Forêt-Noire, je ne voulais plus croire au danger.

Derya avait déniché une nappe ronde à dentelles, plié les serviettes en pochettes dans les verres. J'ai débouché une bouteille de rosé. On a trinqué et, en reposant son verre, tout à coup, elle a dit que Yasemin était passée le matin.

J'étais cloué. Le billet d'avion ! Elle en avait sûrement parlé. Derya partirait le lendemain. La nappe

et tout le reste, c'était pour un souper d'adieu. Plein d'appréhension, j'ai demandé :
« Qu'est-ce qu'elle voulait ?
— Me voir. Elle est si gentille. Je l'aime beaucoup.
— Ah... Rien d'autre ?
— Rien d'important pour moi. »
Derya me faisait-elle comprendre que le billet ne l'intéressait pas, qu'elle préférait notre week-end ? Mon imbécile de cœur me claironnait que oui. Ah ! quelle bouffée de bonheur après la frayeur, quelle joie inconsidérée alors que le malheur cernait déjà la maison, qu'il s'apprêtait à donner l'assaut !

Après le souper, je suis allé au salon funéraire. Le dernier soir avant les funérailles, souvent la famille organise une veillée autour du cercueil. Je règle les éclairages, la musique d'ambiance. Un jeune homme criblé de piercings a lu un poème à la mémoire de la jeune disparue, « lis fauché par la mort dans sa joie printanière ». D'après ce que je savais, le lis était plutôt du genre absinthe, mais c'est le privilège de la mort de transformer toutes les plantes en fleurs des champs. J'ai passé « Puisque tu pars » de Goldman, le tube de la méditation funèbre, puis j'ai enchaîné avec un fond de Jean Michel Jarre, sur lequel le vicaire congolais de la paroisse a commencé ses invocations. À ce moment, mon portable a vibré dans ma poche, je me suis retiré dans le hall et j'ai entendu la voix affolée de Derya : « René, vite, vite, reviens vite ! »

J'ai couru jusqu'à la maison à travers la cour

déserte, j'ai bousculé la porte – j'aurais dû la fermer en sortant – et immédiatement, au milieu du corridor, j'ai vu le corps allongé, face contre terre. À côté, à genoux, une main sur les épaules de l'homme au sol, Derya, en pleurs, échevelée.

«C'est Serif, c'est Serif!»

Je me suis penché, j'ai soulevé la paupière, j'ai cherché le pouls. Le type était tout ce qu'il y a de plus mort. J'ai retiré ma veste. Je l'ai étendue sur son visage.

Le cou de Derya était couvert de sang. Je l'ai relevée. Des filets à moitié coagulés descendaient dans son tee-shirt. Je l'ai fait entrer dans le bureau où la télé diffusait paisiblement un *Columbo*. Mon pied a trébuché sur le tisonnier qui traînait par terre. Sur la table basse, un cornet de glace répandait une flaque rose. Où était Marcel? D'abord je ne l'ai pas vu. Il était tassé dans l'encoignure entre le canapé et le mur, les fesses sur les talons, la tête repliée contre la poitrine, comme un petit garçon qu'on a mis au coin. J'ai fait asseoir Derya.

«Marcel, bon Dieu, ne reste pas là!»

Il s'est redressé, la bouche étirée par une grimace qui découvrait ses dents serrées, les poings joints sur la poitrine, les épaules dressées. Un gamin saisi d'effroi.

«Va me chercher une serviette et un peu d'eau chaude dans un bol! Dépêche-toi!»

Sur le canapé, Derya était recroquevillée, la tête entre les mains.

«Qu'est-ce qui s'est passé, Derya?

René

— Il est mort ?
— Oui, il est mort. Il n'y a plus rien à faire.
— Ce n'est pas possible, pas possible.
— Comment est-ce arrivé ?
— Je ne sais pas. J'étais dans le jardin. Soudain, Serif était là, avec le couteau de mon père. J'ai crié. Il m'a prise par-derrière, il a mis le couteau sur ma gorge. Il m'a obligée à avancer. Nous sommes passés devant le bureau et alors il est tombé d'un coup. Marcel était derrière lui, il l'avait frappé avec la chose en fer. »

Marcel revenait tout tremblant avec l'eau chaude et la serviette.

« Tu l'as frappé avec le tisonnier ? ai-je demandé stupidement.

— Oui, René. Il lui faisait mal, il voulait partir avec elle. J'ai tapé.

— Tu as tapé fort.

— Non, non... J'avais peur pour elle.

— Donne-moi la serviette. »

J'ai débarbouillé le cou de Derya. Elle avait plusieurs entailles sous le menton, peu profondes. Des coups que Serif lui avait donnés en marchant parce qu'il la serrait de trop près. Le sang avait imbibé son tee-shirt.

« Il vaudrait mieux que tu ailles te changer. Monte à la salle de bains. Puis tu te coucheras. N'aie pas peur, Marcel et moi, on s'occupe de tout. »

Je l'ai accompagnée. Dans le couloir, il fallait presque enjamber le cadavre. Elle détournait la tête. Je l'ai soutenue dans les escaliers. Devant la porte de la salle de bains, je l'ai prise dans mes bras, elle s'est blottie contre moi. Elle était brûlante. En moi, une voix impudente s'est mise à proclamer allègrement : « Tu la sauveras ! Tu la sauveras ! »

Je suis redescendu devant le corps. Des morts, j'en ai vu assez, celui-là ne m'aurait pas plus impressionné que les autres s'il n'avait pas été tué dans ma maison. Que faire ? Impossible de réfléchir. Je restais là, bouche bée.

Puis les choses se sont enchaînées comme si quelqu'un d'autre avait pris les commandes.

J'ai appelé Marcel. Il est sorti du bureau où Columbo continuait son enquête impassiblement. Il s'est approché, l'oreille basse à faire pitié. Il s'est jeté contre moi. Encore une accolade mais, là, j'étais comme un montreur dans les bras de son ours.

« Ne t'en fais pas, Marcel ! Tu as bien agi. Ce salaud voulait la tuer. Si tu ne l'avais pas arrêté, il l'aurait fait, sûrement. On n'en parlera à personne, jamais, hein ?

— Oui, oui, René.

— Tu vas faire exactement ce que je te dirai. D'accord ? »

Nous sommes allés par le jardin dans la réserve derrière le salon funéraire. Nous avons rapporté un cercueil. On y a placé Serif. Sous lui, il y avait le cran d'arrêt avec lequel il avait tenu Derya en respect. J'ai fouillé ses poches. J'ai trouvé un portable. Dans son portefeuille, un ticket du parking souterrain des Remparts. Sa voiture était donc à l'abri des regards et, à cette heure, le parking était fermé jusqu'au lendemain six heures trente. J'ai pris la clé de contact. Ensuite, j'ai dit à Marcel d'aller chercher la visseuse et de fermer.

Nous avons reporté le cercueil dans la réserve parmi les cercueils vides, puis on s'est couchés. Plus que jamais, je sentais la chambre de Derya où elle devait être étendue les yeux grands ouverts. La voix légère en moi ressassait : « Tu la sauveras ! Tu la sauveras ! » Contre toute attente, j'ai basculé presque aussitôt dans un sommeil sans rêve.

À six heures, j'ai ouvert les yeux. Le soleil se pressait contre les tentures. J'étais reposé. Ce qu'il me restait à faire s'est présenté à mon esprit comme une évidence. Une simple check-list. Je n'avais plus qu'à cocher les cases.

À la cuisine, j'avais à peine commencé à préparer le café que j'ai entendu Derya m'appeler au-dessus des escaliers.

« Tu peux descendre. »

Je lui ai expliqué ce que j'avais fait de Serif.

« La police va venir ?

— Non. On n'a pas besoin de la police. Prends plutôt ceci. »

Je lui ai passé le portable de son frère. Je lui ai dit qu'on allait prévenir sa famille si elle trouvait un nom dans le répertoire.

« Oui, il y a mon père.

— Bien, alors envoie ceci dans votre langue : "Ai trouvé Derya. Ai fait justice. Dois me cacher quelque temps. Signé : Serif." »

Elle m'a regardé, horrifiée.

Loin des mosquées

« C'est bien ce qu'il voulait, Derya ?
— Oui. »

Je suis passé dans le bureau. J'ai sorti de son enveloppe le permis de transport et le permis d'incinérer 8/8 bis de la jeune fille dont je devais m'occuper dans la matinée. Je les ai scannés et imprimés. Le résultat était impeccable. J'avais un double parfait des permis concernant Séverine Dion. Seul le lieu de crémation n'est pas indiqué. L'officier d'état civil me laisse remplir la ligne pointillée. Il sait que cela se décide parfois au dernier moment en fonction des possibilités des crématoriums. Le plus souvent, je vais à Liège, mais parfois à Luxembourg ou à Longwy. Je n'avais pas encore indiqué Liège sur l'original. Je l'ai écrit. J'ai laissé la copie en blanc.

Il était six heures vingt. Le parking des Remparts ouvre à six heures trente. J'ai enfilé ma tenue de jogging. J'ai emporté les clés de la Golf, le ticket, une cisaille et la visseuse dans mon sac à dos. J'ai trotté jusqu'aux portillons. L'ouverture est automatique. Il n'y a pas de gardien, même en journée. La Golf était au fond du second sous-sol.

J'ai gagné immédiatement la campagne par le nouveau quartier résidentiel des Hortensias. Dans les rues, pas un chat. J'ai fait une boucle autour de la ville et je me suis retrouvé dans les bois à l'arrière de Car-Pack. Il y a là une grille que j'ai remarquée depuis longtemps au cours de mes sorties jogging. Un endroit par où sans doute s'opèrent les livraisons pas trop régulières. Je me suis approché avec la cisaille, mais je n'en ai pas eu besoin. Le cadenas était fermé sur un seul maillon de la chaîne négligemment passée autour d'un barreau. J'ai conduit la Golf dans les carcasses, j'ai dévissé les plaques, les ai placées dans mon sac et je suis reparti. J'ai couru jusqu'à la maison sans même m'essouffler. J'étais particulièrement en forme.

Quand je suis rentré, Marcel à son tour s'était levé. Il me regardait avec un sourire inquiet, comme un enfant qui a commis une grosse gaffe la veille et qui s'assure qu'il est bien pardonné. Il y a si longtemps que je vis avec lui que je ne savais plus quels sentiments au juste il m'inspirait. En le voyant si contrit, mon cœur s'est empli de pitié. Marcel n'aurait pas fait de mal à une mouche, mais il avait tué un homme, simplement parce que je lui avais demandé de veiller sur Derya. Il n'y avait pas de meurtre plus innocent.

À huit heures, j'ai téléphoné au crématorium de Bruxelles. J'ai demandé s'il pouvait me prendre un corps rapidement.

« Simple crémation, pas de cérémonie, la famille n'accompagne pas.

— Il y a un créneau demain, samedi, seize heures.
— Bien.
— Je ne vous trouve pas sur l'ordinateur. Vous n'êtes pas client chez nous.
— Non. Habituellement je vais à Liège, c'est beaucoup plus près. Mais ils ne peuvent pas avant trois jours.
— Pas de problème. Nom du défunt ?
— C'est une femme. Dion Séverine.

Loin des mosquées

— Dion, comme la chanteuse ?
— C'est ça. »
Dans le pointillé de la copie du 8/8 bis, j'ai indiqué « Bruxelles ».
Ensuite, j'ai enfilé deux tasses de café supplémentaires à la table de la cuisine, en face de Derya. J'ai posé ma main sur la sienne et je lui ai répété que tout allait s'arranger. Ses yeux étaient tristes, mais elle s'est efforcée de sourire. J'ai senti mon cœur chavirer.
Je l'ai laissée. Il fallait que je m'occupe de la première crémation de Séverine Dion.

18

René

Si je n'avais pas eu ce stupide accident de circulation, tout se serait passé pour le mieux le lendemain à Bruxelles. Serif était définitivement rayé de la liste des vivants. Volatilisé. Quant à sa voiture, vu l'endroit où je l'avais placée dans la file des épaves, elle était certainement déjà passée à la presse, empilée parmi des centaines de cubes semblables. Je pouvais m'occuper de Derya, le cœur tranquille.

Nous sommes partis pour la Forêt-Noire le dimanche matin. Dans le garage, elle s'est d'abord approchée de la Cadillac. Elle pensait peut-être repartir comme elle était venue, à l'arrière du corbillard. Je lui ai désigné la BMW.

Marcel l'a serrée dans ses bras à l'étouffer. Il sentait bien qu'il ne s'agissait plus de quelques jours de vacances. Terminé, madame Columbo. Il n'a pas voulu nous regarder partir. Il s'est réfugié dans le bureau. Il avait des larmes plein les yeux.

Devant nous, le soleil déjà s'essorait dans le ciel pour une nouvelle journée sans partage. J'aurais voulu amorcer la conversation, mais tout ce qui se présentait à moi me semblait déplacé : trop futile, trop grave, trop gai. Ce voyage, j'étais loin de me le représenter ainsi quand je l'avais proposé à Derya ! Et sûrement, elle non plus ne l'imaginait pas de cette manière. Elle regardait songeusement le paysage lumineux qui s'avançait et, de temps à autre, elle s'efforçait de m'adresser un regard décrispé.

Plus de jupe, plus de dauphin. Elle avait remis, lavés et repassés, les vêtements qu'elle portait le lundi, lorsqu'elle avait débarqué chez moi, un jean, un tee-shirt, un blouson de toile. Comme si la parenthèse se refermait. Dans un grand sac, elle emportait quelques vêtements de Christel. J'avais dû insister pour qu'elle accepte.

Tandis que je le plaçais dans le coffre, le souvenir de mon premier voyage en Forêt-Noire n'avait pas pu s'empêcher de se rappeler à mon attention. C'est avec Christel que je l'avais fait. Elle trimbalait un sac de ce genre-là. Peut-être même que c'était celui-là, en plus bourré. Christel avait toujours peur de manquer de vêtements.

Quelques mois plus tôt, elle avait participé à un stage de natation à Fribourg. Son coach, le type avec qui elle a fini par se faire la paire, était dans sa période « ionisation ». D'après lui, la forêt de pins insufflait aux nageurs ses bienfaisants ions négatifs, lesquels, comme chacun sait, améliorent la capacité respiratoire et stimulent le moral. Une sorte de dopage en toute légalité. Pour les vacances, Christel avait voulu retourner là-bas avec moi. En général, elle n'appréciait les choses qu'à retardement, après les avoir quittées.

Notre premier voyage à deux. On n'avait guère quitté l'hôtel. Le lit ne comportait ni draps ni couvertures, seulement une couette en plumes d'oie comme je n'en avais jamais vu. La chambre embaumait la résine. Par la suite, ce genre de literie et l'odeur de pin ont toujours agi sur moi comme la clochette sur le chien de Pavlov. C'est cela sans doute qui me ramène chaque année en Forêt-Noire, qui me pousse sous l'édredon d'une confortable Flamande en vacance de mari.

Bien sûr, ce dimanche-là, tandis que j'emmenais Derya dans la BMW, assise à la place où j'avais si souvent dégelé mes conquêtes, j'aurais protesté avec la dernière vigueur de la pureté de mes intentions. Tout ce que je projetais, c'était de lui ouvrir la cage où elle était enfermée depuis des mois dans un endroit qui m'évoquait la liberté, de me réjouir la vue de ses premiers pas loin des angoisses, des souffrances qu'elle avait endurées.

En fin de compte, j'avais résolu de la laisser là-bas. Je reviendrais seul. Pourquoi l'expédier en Turquie ? Ce pays lui était tout à fait étranger. Elle était aussi Allemande que n'importe quelle Allemande de son âge. Elle devait reprendre le lycée. Fribourg est à cinq cents kilomètres de Cologne. Elle ne risquait pas de tomber sur quelqu'un de sa famille, qui de toute façon ne cherchait pas après une morte. J'allais l'installer, je continuerais à l'aider. Je voulais être généreux, dépenser enfin un peu d'argent pour quelqu'un d'autre que moi. Puis je viendrais la voir régulièrement. En vacances, et même autrement, qu'est-ce qui m'en empêcherait ?

Nous nous sommes arrêtés pour déjeuner à Landau. La patronne a pris la commande de Derya puis, en se tournant vers moi, elle a susurré : « Et pour le papa ? » C'est ce qu'on appelle remettre les pendules à l'heure.

Pendant le repas, Derya m'a remercié pour tout ce que j'avais fait pour elle. Dans ses yeux luisait une gratitude touchante, qui faisait de son mieux pour surmonter sa tristesse.

« Je sais que tu penses à ton frère, je suis désolé de ce qui est arrivé.

— Ce n'est pas de ta faute, René. Et celle de Marcel non plus. Je ne vous en veux pas. Serif voulait me tuer, moi, sa sœur, il faut bien que je l'admette. Ils ne vivent plus que pour la mort. Tous. Mon père, mes frères.

— Pas ta mère tout de même.

— Ma mère ? C'est différent, mais c'est toujours la mort. Elle dit sans arrêt qu'elle est morte. Mon père l'a tuée, tu sais, tellement il la méprisait. C'était une morte vivante. Elle aurait préféré être dans la tombe, elle me l'a dit. Elle doit penser que, si Serif m'a tuée, comme ça au moins, je suis bien tranquille. Je n'aurai pas à passer par où elle est passée. Je sais que c'est difficile de comprendre dans quel monde nous vivons, nous autres. Tout est tellement différent pour nous. On ne peut compter sur personne. Tu sais qui a prévenu Serif que j'étais chez toi ?

— Aucune idée.

— Eh bien, c'est Yasemin.
— Yasemin ? Non, je ne le crois pas.
— J'ai trouvé un message sur le portable de Serif. Elle lui donnait l'adresse : 5, rue des Remparts. Regarde. »

Elle m'a passé le portable. Yasemin ? Ça me sciait. Yasemin avait balancé Derya ! C'était la dernière personne à qui j'aurais pensé. Qu'est-ce qui lui était passé par la tête ?

À défaut de comprendre ses raisons, au moins je tenais la dernière pièce du puzzle. Depuis deux jours, je me creusais vainement la cervelle. Désormais tout était clair. Serif était reparti en Allemagne, puis revenu dare-dare rappelé par Yasemin. Trois heures de route, quatre au plus. Cette fois il avait dissimulé sa voiture dans le parking des Remparts, à deux pas de la maison. Il allait enlever Derya, l'emmener dans un endroit tranquille pour la liquider. Il avait fait le guet dans la rue. Quand il m'avait aperçu passant à travers la cour déserte pour me rendre au salon funéraire sans prendre l'élémentaire précaution de refermer la porte à clé, il s'était introduit dans le corridor. Dans le bureau, la télévision marchait, mais il n'y avait personne. Marcel était descendu à la cave chercher sa fraise-vanille dans le congélateur. Serif avait cru que Derya était seule, qu'elle avait allumé la télé. Il l'avait surprise au jardin. Elle avait crié. Marcel entre-temps remonté de la cave avait assisté à la scène par la fenêtre du bureau et quand Serif était repassé devant la porte, entraînant Derya couverte de sang, affolé, il l'avait arrêté. D'un seul coup.

Après le second massacre de ses poulets, le père de Christel avait opté pour l'élevage des lapins. C'est Marcel qui les exécutait avec le tisonnier. Il savait y faire.

J'ai gardé le portable de Serif. J'aurais dû le mettre dans son cercueil. J'ai enlevé la carte SIM et je l'ai jetée dans les toilettes.

Nous sommes arrivés à Gutach à la pension *Zur Post*, où j'ai l'habitude de descendre, quelques kilomètres avant Fribourg. Frau Probst, la patronne, m'a grondé parce que je lui avais toujours caché que j'avais une si jolie fille. Elle nous a donné deux chambres contiguës, sous les toits.

Derya s'est reposée un peu, puis nous sommes sortis faire une promenade. Je connais tous les sentiers des environs, où je fais du jogging. On a marché dans la forêt, puis j'ai proposé qu'on s'asseye dans une clairière. Elle était tapissée de bruyère. Une légère brise courait entre les fûts de pin. Les yeux fermés, le cou tendu, Derya l'aspirait. Depuis notre conversation de midi, elle semblait plus sereine.

« J'ai bien réfléchi, Derya. Personne ne doit savoir où tu te trouves. Même pas la famille d'Evren. Jamais je n'aurais imaginé que Yasemin puisse te trahir. Et tu vois !

— Yasemin a eu peur. Elle a cru que j'étais venue pour lui reprendre Evren. Mais moi, Evren, je ne l'aime pas. Je ne l'ai jamais aimé. C'est lui qui était fou. »

Pauvre Evren ! Aux yeux de tous, à l'exception de

celui qui aime, l'amour est une folie incompréhensible.

« Tu sais qu'il t'a acheté un billet pour Istanbul ?

— Je ne veux pas aller à Istanbul. Je ne connais pas la Turquie.

— C'est bien ce que je pensais. Tu dois rester ici. Je vais te chercher une chambre à Fribourg. Tu reprendras tes études. Personne ne te trouvera jamais. Je repars demain, Derya, mais sois tranquille, je continuerai à t'aider. »

Je m'attendais à ce qu'elle proteste. Elle a seulement hoché la tête.

« D'accord. »

Le soir, dans ma chambre, je me suis endormi aussitôt couché. Épuisé, perclus comme au bout d'un travail de forçat, mais content par la même occasion d'être dispensé de ruminer. Frau Probst m'avait donné l'adresse d'une relation à elle qui louait des chambres à Fribourg. Rendez-vous le lendemain à dix heures.

Pendant la nuit, un grincement m'a réveillé. C'était la porte mitoyenne entre nos deux chambres. Dans le large rayon de lune qui descendait par la fenêtre de la toiture, Derya se tenait debout, à côté de mon lit, vêtue d'une chemise de nuit de Christel.

J'étais encore tout engourdi par le sommeil. J'ai même refermé les yeux pour plonger dans le rêve inespéré qui me visitait : Christel à nouveau près de moi, comme si le temps n'avait pas passé ! Ah, mon Dieu, quelle joie suave peut donner une illusion !

J'ai voulu écarter la couette pour lui faire une

place, mais mon bras ne m'obéissait pas. En vain, j'essayais de le soulever, il restait attaché contre moi. Et, à mesure que je multipliais les efforts inutiles, l'enchantement se dissipait. J'ai repris mes esprits. J'ai rouvert les yeux.

Derya, inclinée vers moi, me considérait gravement. Elle m'appelait à mi-voix : « René ! René ! », comme on s'efforce de réveiller un dormeur sans le brusquer.

Alors j'ai compris ce qui arrivait. En moi, la voix sauvage, la voix impudente, que je m'efforçais de faire taire depuis la mort de Serif, s'est mise à corner triomphalement : « Vas-y ! Vas-y ! Prends-la ! Elle est venue ! C'est elle qui s'offre ! C'est ta chance, René ! Laisse tomber tes idées de mariage pantouflard ! L'amour est de retour, la passion, l'ivresse ! Arrête de tourner autour du pot ! Allez, pousse la couette ! »

Mais mon bras droit, celui qui aurait dû ouvrir le lit, restait de plomb. Le gauche seul semblait encore animé. Il s'est mis en mouvement et, sans le moindre tâtonnement, il a trouvé les interrupteurs de chevet. D'un seul coup, les lampes à la tête du lit, les appliques murales, les néons du plafonnier se sont allumés. Engloutie la clarté lunaire, plus le moindre clair-obscur, même plus un espace tamisé : il ne restait dans toute la chambre qu'une lumière crue au milieu de laquelle se tenait Derya, non plus comme une amante venue dans la pénombre rejoindre son amant, mais comme un enfant qui a fait un cauchemar, accouru innocemment demander du secours à son père.

« Derya, ça ne va pas ? Tu as fait un mauvais rêve ? »

René

Elle ne savait que répondre. Je me suis levé. Je ne pouvais supporter de voir la chair de ses jambes à hauteur de mes yeux. Je me suis approché. Tout de même, je l'ai prise dans mes bras, sans la presser contre moi, le plus chastement possible.

« C'est Serif qui te tourmente ? »

Elle a soufflé : « Oui. »

Nous n'étions dupes ni l'un ni l'autre.

Je l'ai reconduite dans sa chambre. Elle s'est recouchée, la tête détournée. Je l'ai bordée. Je lui ai dit tout bas : « Dors, Derya. Oublie ceci. Tu as droit à de beaux rêves. Ils vont venir. Tu es jeune. »

Le lendemain matin, quand elle m'a rejoint au petit déjeuner, elle s'est penchée par-derrière moi et a serré longuement sa joue contre la mienne.

« Pardonne-moi, René », a-t-elle murmuré.

Voilà : tout était fini. Au moins nous avions évité la lamentable confrontation matinale d'une jeune femme dégrisée avec le vieux cavaleur satisfait d'avoir cavalé encore une fois. Qu'est-ce qui m'avait retenu d'accepter ce qu'elle voulait me donner ? Mystère. Disons mon bras droit. Mon bras droit ankylosé qui maintenant avait retrouvé une extraordinaire souplesse et versait le café dans la tasse de Derya.

Nous sommes allés à Fribourg louer une chambre, puis dans une banque, lui ouvrir un compte. Après midi, nous sommes passés devant la boutique d'un coiffeur. Je lui ai conseillé d'entrer, d'adopter une coupe moderne, courte, qui dégage bien son visage. Elle a franchi la porte. Je l'ai vue s'asseoir à la suite de deux autres clientes qui ne l'ont même pas regardée. J'ai fait quelques pas. J'ai pensé que, lorsqu'elle ressortirait, elle ressemblerait encore plus à Christel. Alors je suis remonté dans la BMW et j'ai démarré. Sur l'autoroute, je me suis arrêté. J'ai rallumé mon portable que j'avais fermé pour qu'on ne nous dérange pas. Je lui ai envoyé un SMS. Je lui disais que je reviendrais en septembre. Mais je savais déjà que je ne le ferais pas.

Le message à peine parti, le téléphone a sonné. Sur le coup, j'ai eu peur qu'elle me rappelle, qu'elle me fasse in extremis un coup de blues, style cinéma français des années 1970, avec l'accent de Romy Schneider. Depuis le début, l'accent de Derya me rappelait quelqu'un : il était temps que je trouve. Mais à l'autre bout du fil, ce n'était pas Romy, c'était Altan.

« René, c'est toi ?
— On dirait.
— Enfin ! J'essaie de t'appeler depuis hier. »
Plusieurs appels en absence, en effet, figuraient à l'écran. Altan avait à nouveau sa voix de fausset. Quelque chose ne tournait pas rond.
« Désolé, j'avais éteint.
— Où est Derya ?
— En sécurité.
— Elle a pris l'avion vendredi ?
— Non, mais elle est partie. Personne ne la trouvera. Je t'expliquerai.
— Ouf, tu me rassures. J'étais complètement

paniqué. Hier matin, Evren est venu chez moi. Yasemin venait de lui avouer qu'elle n'avait pas remis le billet d'avion à Derya, ou plutôt, d'après elle, que Derya n'en avait pas voulu. On a décidé d'aller jusque chez toi. Tout était fermé. On a frappé. Personne. On s'est dit que tu étais finalement parti avec Derya, que tu avais emmené Marcel. J'ai essayé de t'appeler sur ton portable. Pas de réponse. Un dimanche, passe encore. Mais ce matin, c'était pareil. Et chez toi, toujours rien. Alors, excuse-moi, mais j'ai eu la trouille. J'ai cru que Serif était revenu, qu'il vous avait peut-être trouvés, que vous étiez tous... Tu comprends ? Sandra m'a dit d'aller voir la police, qu'on aurait dû y aller depuis le début. J'en sors. J'ai lâché le paquet : Derya, Serif, tout... J'ai demandé qu'ils aillent voir. »

Mon sang cognait à mes oreilles autant que les sautes de voix d'Altan. Cet idiot s'était dégonflé. Il fallait absolument éviter que la police descende chez moi en mon absence. Marcel n'avait pas ouvert à Altan. Il se terrait. En présence des flics, c'est sûr, il allait craquer.

« Écoute-moi bien, Altan. Tu vas retourner immédiatement à la brigade. Tu leur dis que tu m'as eu au téléphone, que je serai de retour au début de la soirée. En attendant, qu'ils fichent la paix à Marcel. Marcel est là, mais il est... malade. Tu m'as compris ?

— D'accord, René. Je suis à côté, j'y retourne. Excuse-moi, hein ? »

Je suis reparti. Ce n'est pas Serif qui m'inquiétait. De lui, il ne restait pas plus de traces que s'il n'avait jamais existé. La seule faille dans mon système, c'était Marcel. Il était secoué. Au lieu de regarder un *Columbo*, il le vivait et hélas ! il sentait bien qu'il ne jouerait pas le rôle de son héros favori, mais celui du type qui grimace en plan fixe à la fin, pendant que le générique défile.

À la maison, je l'ai trouvé dans le bureau, comme s'il ne l'avait pas quitté depuis mon départ. Il avait entendu les coups à la porte la veille et au matin, mais il n'avait pas osé ouvrir. Il était mort de peur, comme si le petit lieutenant allait débarquer de sa 403, cigare au bec, pour lui tirer les vers du nez. J'ai tenté de le rassurer. Malgré tout, j'ai dû lui dire que la police allait venir, mais qu'il n'y avait rien à craindre, que je m'en occupais.

À huit heures, ils sont arrivés. Inspecteur Comard : j'aurais pu tomber plus mal. Un brave type, trésorier du club de natation du temps de Christel. À huit heures, il était assis dans le bureau avec une recrue boutonneuse, chacun devant un verre de Jupiler.

« Je ne savais pas que tu faisais ami-ami avec les Turcs, René.

— Tout arrive.

— La fille n'est plus chez toi ?

— Je l'ai conduite en Allemagne. C'est pour ça que j'étais absent.

— Chez ses parents ?

— Tu veux rire. Altan t'a expliqué la situation ?

— Oui. Concernant le frère, Serif Kilimci, on s'est renseignés chez les Allemands. Il est fiché : sympathisant islamique. Pas un gros poisson. À surveiller tout de même, vu les circonstances. Tu l'as vu, toi ?

— Non. Je ne sais même pas à quoi il ressemble. Altan m'a dit qu'il était reparti mercredi, je pense, dans la matinée.

— C'est ce qu'il m'a dit aussi. On a recontacté les Allemands tout à l'heure. Notre homme n'est pas rentré à Cologne non plus. Bon, ils vont tout de même essayer de le repérer, pour le principe. »

Du coin de l'œil, Comard lorgnait Marcel assis à côté de la télé, occupé à se gratter le dos des mains. Je lui avais dit de rester à la cuisine, mais à peine les deux policiers entrés, il était venu se visser à cet endroit.

« Ça va, mon petit Marcel ? »

Comme tout le monde, Comard sait que Marcel est un enfant de quarante-cinq ans.

« Laisse-le, Pierre. Marcel est accro à *Columbo*. Alors la police de Los Angeles à la maison, ça le rend nerveux, tu comprends.

— Il était malade ?

— Un peu trop de glace. »

Comard s'est levé. Il a donné une petite tape à Marcel, puis en me quittant il a ajouté :

« La fille, elle est où au juste ?

— Fribourg. Tu veux son adresse ?

— Non. On n'a aucune mission à son sujet. C'est juste pour savoir. Ces gamines en foulard traitées comme des servantes, ça me dépasse. »

Ils sont partis. C'était gagné. Si les Allemands ne trouvaient pas Serif d'ici un jour ou deux, ils en concluraient qu'il s'était évanoui dans la nature. Les islamistes changent d'identité. Il était peut-être déjà en Afghanistan ou ailleurs. Classé sans suite. Et après, ce n'est pas sa famille qui se plaindrait de la disparition de l'exécuteur d'un crime qu'elle avait organisé. Je pouvais dormir sur mes deux oreilles.

C'est ce que j'aurais voulu. Mais, une fois couché, je suis resté les yeux ouverts. Je pensais à Derya. Je savais que je ne devais pas trop m'en faire pour elle. Parce qu'elle était Turque, parce que sa famille la persécutait, je l'avais crue faible et je m'étais senti fort en proportion. Une victime qui demande protection, ça vous campe un bonhomme sur ses jambes. En fait, c'est elle qui était forte et moi faible. L'origine, la religion, tout ce folklore m'avait fait oublier la femme en dessous de cela. Derya était une femme libre, comme il en existe de tout temps, en tout lieu, si bornés que soient les mâles autour d'elles. Elle s'était battue pour disposer d'elle-même. Elle avait rejeté Evren. Elle aurait pu s'emparer de moi un moment si je ne l'avais dissuadée d'un pareil gâchis. Souveraine. Sans attache.

Attache ou pas, d'ailleurs, quelle différence finalement ? Yasemin, toute soumise qu'elle parût à Evren, était-elle moins souveraine ? Je la revoyais le jour de son mariage couverte de bijoux et de billets de banque. Le marché aux esclaves. Mais ses yeux étincelaient. Quand on prétend acheter la mariée, il arrive qu'on se réveille aux côtés d'un fauve.

Une page de ma vie se tournait, je le sentais bien, la page décisive où on a tout compris, après laquelle il n'y a plus que les rallonges, le remplissage, le post-scriptum. Ma nuit avec Derya m'avait dessillé la vue. C'était fini. Je ne pourrais plus aimer du seul amour qui vaille, celui du premier élan, quand on plonge la tête en avant dans le grand mystère. Le mystère ne se présente qu'une fois. Ensuite on court après, mais on ne retrouve que le souvenir de son unique apparition. En Derya, c'est Christel que j'avais cherchée un moment, la seule femme que j'aurai aimée, à jamais perdue. Au fait, est-ce que son père ne voulait pas qu'elle soit mon bras droit? Mon bras droit ne l'avait pas oublié. Pour ce qui me restait à vivre, je m'en tiendrais aux Flamandes dans la quarantaine – en attendant plus – dont je n'espérais pas le cœur, mais seulement un peu de chaleur contre leur peau laiteuse.

Le mardi, il a commencé à pleuvoir. La température a chuté brusquement. C'était un tel soulagement après la canicule que tout le monde retrouvait avec reconnaissance le mauvais temps dont on se plaint le reste de l'année. Les vieux ont remis à plus tard de mourir. Ça tombait bien en attendant la réparation de la Cadillac programmée pour la fin de la semaine.

Avec Marcel, on a repris nos habitudes. On a même allumé le poêle du bureau, pour casser l'humidité. Ça sentait la fonte chaude, la torpeur de l'hiver quand la vie glisse toute seule.

L'histoire aurait dû se terminer là. Mais, deux semaines plus tard, Comard est revenu avec le jeune boutonneux. À la façon de Columbo qui, à la fin de chaque entrevue avec le suspect, semble quitter la scène définitivement, mais rapplique à la séquence suivante sous prétexte qu'il a oublié de vérifier une babiole.

Cette fois, c'était à propos de mon accident à Bruxelles. La fille qui m'avait embouti n'avait pas renvoyé le constat et pour cause ! Ce qu'elle avait indiqué sur la déclaration était de la pure invention : elle n'avait pas d'assurance. De plus en plus courant, paraît-il. Trop cher. Elle ne s'appelait même pas Amandine. Et moi qui avais mis son trouble sur le compte du corbillard ! Heureusement que j'avais rectifié le numéro de sa plaque minéralogique.

Il fallait que je fasse une déposition. Comard me posait les questions, entre deux gorgées de bière, un œil sur Marcel qui se griffait les mains de plus belle. Le boutonneux prenait note dans un gros cahier à tranche rouge.

« Comme corbillard, tu as une assurance spéciale ?
— Oui.
— Professionnelle ?
— C'est ça.
— Tu étais en service ?
— Bien sûr.
— À Bruxelles ?
— J'allais au crématorium. Liège était complet.
— Ah, d'accord. L'assurance demandera un document. Vous recevez une autorisation de transport, non ? »

Je lui ai remis le permis de retour des cendres

qu'on reçoit après la crémation. Il l'a regardé longuement.
« Séverine Dion... Séverine Dion... Presque comme la chanteuse ? »
Il m'a fait signer la déposition. Il restait songeur.
« À propos, tu ne me demandes pas des nouvelles du Turc ?
— Tu en as ? »
Ses yeux m'ont pris en oblique, de bas en haut, comme s'il avait trouvé de l'ironie à ma question et qu'il répliquait du berger à la bergère.
« Ça se pourrait. »
Mon sang s'est glacé.
Il s'est tourné vers Marcel qui a cessé aussitôt de se gratter, les yeux écarquillés, pris en défaut.
« Et alors, mon petit Marcel, ça ne va pas mieux ?
— Laisse-le, Pierre, s'il te plaît.
— Tu as raison. »
Une heure plus tard, le téléphone a sonné.
« Je t'appelle de la brigade, je voulais vérifier une petite chose. Tu devines quoi.
— Vas-y toujours.
— Séverine Dion, c'est nous qui avons organisé le service d'ordre pour l'enterrement. Vu l'affluence, on a bloqué la rue de l'Église. C'était vendredi. Vendredi. Messe puis incinération à Liège en présence de la famille. Alors pourrais-tu me dire comment tu l'as incinérée une deuxième fois le lendemain samedi à Bruxelles ? »
J'avais beau m'y attendre, j'ai senti mes genoux se dérober sous moi. Je me suis laissé tomber sur une

chaise. J'étais livide sans doute. En face de moi, Marcel s'est mis à supplier : « Dis pas que c'est moi, René, dis pas que c'est moi ! »

Au bout d'un moment, comme j'étais incapable d'articuler le moindre son, Comard a repris.

« OK, René. Je ne suis pas Columbo. Je ne suis qu'un petit flic de province. C'est un trop gros morceau pour moi. Je vais être obligé de transmettre. Je suis sûr que tu pourras expliquer ce que vous avez fabriqué, toi et Marcel. Légitime défense, ça existe. L'irresponsabilité pénale aussi. Dommage que tu ne m'aies pas appelé sur le coup. »

Il a raccroché.

Bien sûr que j'aurais dû l'appeler. J'avais voulu en mettre plein la vue. À Derya ? Ou plutôt à Christel.

Marcel s'est approché de moi. Il s'est agenouillé. Il a posé sa grosse caboche sur mes genoux. Je lui ai caressé les cheveux. Ma voix était revenue.

« C'est tout, c'est tout, Marcel. »

On cherche tous l'amour. Y a-t-il un seul amour qui égale celui des innocents ? Mais de celui-là, qui en veut ?

J'adresse mes remerciements à Mme Nadine Weibel, dont j'ai largement utilisé les travaux sur les communautés turques d'Alsace. J'ai puisé dans l'ouvrage d'Altan Kopal, Têtes rouges et bouches noires, *Paris, Société d'ethnographie, 1980, pour les passages relatifs aux mœurs des Têtes rouges. Mes remerciements également à M. P. Olmechette (pompes funèbres) et à A. Grandjean (assurances) pour leurs précieux renseignements.*

Cet ouvrage a été imprimé en France par

à Saint-Amand-Montrond (Cher)
en janvier 2012

Composition Interligne (Loncin)

N° d'édition : 52113/01 – N° d'impression : 113789/1
Dépôt légal : janvier 2012